V&R

Reinhard Deichgräber

Der Tag ist nicht mehr fern

Betrachtungen zu Liedern
von Jochen Klepper

Vandenhoeck & Ruprecht

Abdruck der Klepper-Texte
aus „Kyrie“ mit freundlicher Genehmigung
des Luther-Verlages Bielefeld

Die Deutsche Bibliothek – CIP-Einheitsaufnahme

Ein Titeldatensatz für diese Publikation
ist bei Der Deutschen Bibliothek erhältlich.

ISBN 3-525-60406-8

Umschlagabbildung:
Glasbild „Der Durchgang“,
von Dieter Schafranek

Satz: Weckner Fotosatz GmbH | media+print, Göttingen
Druck und Bindung: Hubert & Co., Göttingen

Vorwort

Das Jahr 2003 bringt am 22. März die hundertste Wiederkehr des Geburtstags des Schriftstellers Jochen Klepper. Sicher wird das Jubiläum Gelegenheit geben für viele Artikel, Vorträge und Tagungen. Unter Jochen Kleppers Werken sind es wohl doch die Kirchenlieder, die die längste und nachhaltigste Wirkungsgeschichte haben. Die hier vorgelegten Betrachtungen möchten den Wert dieser Lieder erschließen helfen. Sie sind die Frucht eines jahrzehntelangen Umgangs mit Kleppers Liedern in Gemeinden und Gruppen wie im persönlichen Leben.

Die Betrachtungen verstehen sich nicht als wissenschaftliche Kommentare im strengen Sinn des Wortes. Wohl geben sie da, wo es möglich und sinnvoll ist, auch das notwendige historische, theologische und sprachliche Material zum Verständnis der Texte. Sie verzichten jedoch vor allem im Detail auf enzyklopädische Vollständigkeit. Wer zu einzelnen Fragen genauere Auskunft wünscht, sei auf die „Liederkunde zum Evangelischen Gesangbuch", die ebenfalls im Verlag Vandenhoeck & Ruprecht erscheint, verwiesen. Das gilt besonders für den, der sich mit den Vertonungen der Lieder Jochen Kleppers beschäftigen möchte.

Bei der Beschäftigung mit Jochen Klepper habe ich von vielen Autorinnen und Autoren dankbar gelernt. Eine kleine Literaturauswahl ist am Schluss dieses Buches zu finden.

Mit besonderem Dank möchte ich dabei die zahlreichen Arbeiten von Jürgen Henkys zu Jochen Kleppers Liedern nennen. Sie zeichnen sich durch liebevolle Sorgfalt in der Darstellung und durch respektvolles, abgewogenes Urteil aus und werden gerade so dem nicht einfachen Gegenstand am besten gerecht.

Christian Demandt danke ich für die Mühe und Sorgfalt, mit der er meinen handgeschriebenen Text computerisiert hat, sowie für manch hilfreiche Frage und Anregung.

Hafkamp, im Frühling 2002

Reinhard Deichgräber

Inhalt

Zur Einführung

Es war Anfang der fünfziger Jahre, ich war gerade konfirmiert worden, da erlebten wir in meiner Kirchengemeinde, St. Albani in Göttingen, die Einführung eines neuen Gesangbuchs, des „Evangelischen Kirchengesangbuchs", wie es hieß. Es sollte das alte „Hannoversche Gesangbuch", das mehr als fünfzig Jahre lang in Gebrauch gewesen war, allmählich ablösen. An den Anschlagtafeln erschienen einige Jahre lang jeweils zwei Nummern: „alt" und „neu".

Das „Hannoversche Gesangbuch" war wirklich ein altes Gesangbuch gewesen. Es enthielt den ganzen Reichtum aus den drei großen Epochen evangelischer Kirchenlieddichtung: die Zeit von Reformation und Gegenreformation, die Zeit des Barock und das Liedgut des Pietismus. Wer sich das Verzeichnis der Dichter am Ende des Gesangbuchs genauer anschaute, musste allerdings den Eindruck gewinnen, die Produktion von Kirchenliedern sei in der evangelischen Kirche irgendwann um die Mitte des 19. Jahrhunderts eingestellt worden oder vielleicht auch einfach eingeschlafen. Philipp Spitta (gestorben 1859) und Albert Knapp (gestorben 1864) waren die Jüngsten in der langen Liste der Dichterinnen und Dichter.

Das neue Gesangbuch aber bescherte uns plötzlich eine ganze Reihe von Chorälen aus (damals) jüngster Vergangenheit. Das Verzeichnis der „Verfasser der Texte und Weisen der Gesangbuchlieder", erstmals nicht nach dem Alphabet geordnet, sondern nach Epochen und Landschaften gegliedert, schloss mit einer Rubrik, die die Überschrift „Gegenwart" trug. Unter den wenigen Namen, die hier aufgeführt waren, ragten drei heraus: Rudolf Alexander Schröder (1878–1962), Otto Riethmüller (1889–1938) und Jochen Klepper (1903–1942).

Ich erinnere mich noch an das erste dieser neuen Lieder, das unser Organist der Gemeinde zuzumuten wagte: Jochen Kleppers Adventslied „Die Nacht ist vorgedrungen". In einem

„Gemeindesingen“ kurz vor dem Gottesdienst (welch segensreiche Einrichtung!) lernten wir die Melodie, und dann erklang es, noch etwas zaghaft und vorsichtig gesungen, aber von der Orgel gut geführt:

> Die Nacht ist vorgedrungen,
> der Tag ist nicht mehr fern.
> So sei nun Lob gesungen
> dem hellen Morgenstern!
> Auch wer zur Nacht geweinet,
> der stimme froh mit ein.
> Der Morgenstern bescheinet
> auch deine Angst und Pein.

Das neue Lied machte einen tiefen Eindruck auf uns. Wir sangen das Lied, und das Lied sang sich in unsere Herzen.

Wir nahmen das Lied mit nach Hause, und – ich denke nicht nur in meiner Familie – gehörte es bald zum festen Bestand der Lieder, die wir an den Adventssonntagen zu Hause sangen, wenn die Kerzen des Adventskranzes brannten. Und auch sonst war es zu hören: die Mutter und die Schwestern sangen es in der Küche, ich sang es auf meinen Wegen, und natürlich fand es auch rasch Eingang in das Singen unserer Jugendkreise. So begann eine Freundschaft, die bis heute anhält und sich über nunmehr rund fünf Jahrzehnte bewährt hat. Ich habe dies mit Absicht so ausführlich erzählt. Die Frage, wie etwas angefangen habe, ist immer eine Besinnung wert.

Was wir mit Jochen Kleppers Adventslied erlebt haben, ist durchaus typisch. Es lässt sich in hohem Maße verallgemeinern. Ein gutes Lied, und das gilt gerade auch von einem Kirchenlied, ist ein treuer Freund. Irgendwann lerne ich es kennen. Manchmal ist es „Liebe auf den ersten Blick“, wie ich es eben am Beispiel von Kleppers Adventslied von mir berichtet habe. Es kann aber auch anders sein. Ein Lied erweist sich beim ersten Hören als sperrig, ja, es kann sein, dass es mich gleichgültig lässt oder dass es sich mir verschließt. Vielleicht ruft es als erste Reaktion sogar Ablehnung hervor. Aber irgendwann springt doch der Funke über, und meistens kann man dann schlecht erklären, warum und wie und warum erst jetzt. Aber plötzlich ist es soweit. Ich spüre, diese Worte und diese Weise lassen mich nicht mehr los.

Und dann beginnt eine Geschichte, meine Geschichte mit diesem Lied. Sie ist wirklich die Geschichte einer Freundschaft. Da ist ein wechselseitiges Geben und Empfangen: ich gebe dem Lied meine Stimme, ich erwecke Worte und Noten zum Leben. Ich gebe dem Lied die Kraft meiner Liebe und meines Verstehens – schließlich ist jedes Singen auch so etwas wie eine zweite Schöpfung, es ist Interpretation, Inszenierung. Gleichzeitig aber bin ich der Nehmende: das Lied belebt mich. Es hilft meiner Sprachlosigkeit auf die Beine, es gibt meinen Erfahrungen und Empfindungen Ausdruck, es macht mich reich, es macht mich weit, es macht mich klug, es macht mich stark. Es führt mir Nahrung zu, die mich wachsen und reifen lässt. Es verwandelt mich … – ich breche ab, nicht weil ich alles gesagt habe, was ich hier sagen könnte, sondern weil jeder Versuch, die Wirkungen eines Liedes vollständig zu erfassen, scheitern muss. Wie sollte ich das, was ich an meinem Freund habe, dieses allumfassende Für-mich-da-sein, in allen seinen Aspekten genugsam erfassen?

Eine solche Geschichte kann sehr wechselhaft sein. Es mag auch Enttäuschungen geben. Es kann zu einer zeitweiligen Entfremdung kommen. Aber dann – vielleicht nach einer langen Zeit, in der man sich aus den Augen verloren hat – ist der Freund plötzlich wieder da. Unangemeldet steht er vor der Tür, und eine neue Seite im Buch unserer Geschichte wird aufgeschlagen. So gewinnt Freundschaft durch alle Wechselfälle Festigkeit und Dauer. Wir beide, das Lied und ich, wachsen immer mehr zusammen. Wir verstehen uns immer besser, ich das Lied und das Lied mich. Und immer mehr hilft mir das Lied, mit dem großen Rätsel, das ich mir selbst bin, umzugehen.

Mit der Dauer aber wächst die Dankbarkeit. Je älter ein Mensch wird, je mehr er auf seine eigene Geschichte zurückblickt, desto anrührender können die Gefühle sein, die sich mit einem bestimmten Lied verbinden. Ich weiß, diesem oder jenem Lied verdanke ich viel, und meistens wird es mehr sein, als ich ahne.

Nun ist ein Kirchenlied zuallererst ein Gesang der Gemeinde. Ein Choral ist niemandes Privatbesitz. Es ist ja auch die Gemeinde, die darüber entscheidet, ob ein Lied es wert ist, gesungen zu werden, oder nicht. Jochen Klepper selbst hat auf diese Approbation seiner Lieder durch die singende Gemeinde größten Wert gelegt. Aus gutem Grund hat er der Sammlung seiner Kirchenlieder, dem „Kyrie", das folgende Lutherwort vorangestellt:

„Es liegt daran, dass der Haufe Gottes oder Gottes Volk ein Wort oder Lied annehme oder für unrecht erkenne. St. Ambrosius hat viel schöner Hymnen gemacht, heißen Kirchengesang darum, dass sie die Kirche angenommen hat und braucht, als hätte sie dieselben gemacht und wären ihre Lieder."

Und doch ist das Singen eines Liedes im Gottesdienst nicht alles. Mit Recht stellt Christa Reich fest: „Wer meint, Lieder, denen er werktags nie begegnet, könnten am Sonntag seine eigenen Lieder sein, irrt" (Evangelium: Klingendes Wort, Seite 139). Lieder unterliegen noch einer zweiten Echtheitsprobe: ob sie sich im persönlichen Leben bewähren oder nicht. Dabei denke ich weniger an die Hausandacht (die es heute ja auch fast nirgends mehr gibt), sondern mehr an das einsame Singen, Beten und Meditieren.

Es gibt so viele Möglichkeiten, auch in unserer heutigen Welt mit ihrem Hochgeschwindigkeitsideal, ein Lied zu singen oder – vielleicht in schlafloser Nacht! – still zu beten. Gerne werde ich an dieser Stelle ganz persönlich: auf Spaziergängen, beim Autofahren, beim Warten auf den Zug, bei mancher einfachen Hausarbeit, tun sich mir immer neue Gelegenheiten zum Singen auf. Dabei merkt man bald, was an oder in einem Lied ist. Ein Lied, das in Text oder Melodie nur von einer Pointe lebt, nutzt sich rasch ab. Es verbraucht sich schnell, wie ein Kaugummi, das nach kurzer Zeit seinen Geschmack verloren hat.

Die folgenden Betrachtungen möchten Kleppers Lieder gerade auch für den persönlichen Gebrauch erschließen. Sie sind aus dem persönlichen Umgang erwachsen und möchten Erfahrenes weitergeben. Dabei wird sich hoffentlich immer wieder zeigen, wie der persönliche Gebrauch aus dem Erlebnis des gemeinschaftlichen Singens erwächst, um dann aus der alltäglichen Erfahrung heraus dem Gesang im Gottesdienst neue Kraft und größere Lebendigkeit zu schenken.

Jochen Klepper – Leben und Werk

„Mein Gott, nimm mich nicht weg in der Hälfte meiner Tage!" So betet im Alten Testament ein Psalmist (Psalm 102,25). Als Jochen Klepper im Dezember 1942 starb, hatte er die „Hälfte seiner Tage" eben erreicht: er stand im vierzigsten Lebensjahr. Noch kürzer ist die Zeit, in der er als Schriftsteller wirken konnte. Von der für seine Lebensgeschichte so wichtigen Heirat und der bald darauf folgenden Übersiedlung nach Berlin bis zu seinem frühen Tod sind es gut elf Jahre.

Geboren wurde Jochen Klepper am 22. März des Jahres 1903 in Beuthen – nicht der oberschlesischen Großstadt, sondern der kleinen Stadt gleichen Namens in der Nähe von Glogau. Der Vater ist Pfarrer. Die Mutter bringt künstlerische Neigung und Begabung mit. Vier Geschwister wachsen mit ihm auf, zwei ältere Schwestern, zwei jüngere Brüder. Jochens zarte Gesundheit macht den Eltern viel Sorge. Vor allem von asthmatischen Anfällen ist die Rede und von hartnäckigen Kopfschmerzen. Die Kinderheilkunde aber war in jener Zeit noch nicht so weit entwickelt wie heute. Mancher Rat, den Ärzte besorgten Eltern damals gaben, erscheint uns seltsam, falls wir nicht sogar erschrecken vor dem, was man damals als des Kindes Wohl ansah, zumal wenn es sich um ein Kind höheren und begüterten Standes handelte. So geschah es, dass die Eltern dem schwachen Kind die Anstrengungen des Besuchs einer öffentlichen Schule ersparen wollten. Auf ärztlichen Rat wurde der Knabe bis zu seinem vierzehnten Lebensjahr zu Hause unterrichtet. Trotzdem sollten wir Kleppers Kindheit nicht vorschnell als unglücklich bezeichnen. In seinen Tagebüchern tauchen auch viele gute Erinnerungen an „Beuthen" auf, und seine Frau Hanni stellte fest: „Jochen war mit seiner Familie so verwachsen, wie ich es noch kaum je erlebte".

Jochen Klepper steht gerade am Anfang einer krisenreichen Pubertät, als die Zeit häuslicher Geborgenheit zu Ende geht.

Im Oktober 1917 schicken ihn seine Eltern auf die höhere Schule ins benachbarte Glogau, wo er als Pensionsschüler bei seinem Französischlehrer untergebracht wird. Seine Glogauer Schuljahre fallen in die schwere Zeit des letzten Jahres des ersten Weltkriegs und in die noch schwereren Nachkriegsjahre bis zum Beginn der Inflationszeit. Im März 1922 verlässt er das Gymnasium mit dem Zeugnis der Reife. Die Noten weisen ihn als einen durchschnittlichen Schüler aus mit einem „gut" in den Fächern Religionslehre und Deutsch, aber einem „nicht genügend" in Mathematik und Physik. Kleppers Handschrift wurde mit „mangelhaft" bewertet, und: „Vom Turnen war er befreit".

Wenige Wochen später finden wir Klepper als Theologen an der Universität Erlangen. Nach zwei Semestern wechselt er nach Breslau, wo Rudolf Hermann und Ernst Lohmeyer seine Lehrer sind. In diese Jahre fallen erste dichterische Versuche: Gedichte, in denen das Vorbild Rainer Maria Rilke unschwer zu erkennen ist, und Prosatexte. Seine Gesundheit ist auch in diesen Jahren schwach. Im September 1925 schickt man ihn zu einer Kur nach Bad Saarow. Von einem Erfolg der Kur ist nirgends die Rede.

Kleppers Studium endet ohne Examen und mit einer neuen, lange anhaltenden Krise. Eine Lizentiatenarbeit (über Gottfried Arnold und August Hermann Francke) kommt über einige wenige Vorarbeiten nicht hinaus. Im Winter 1925/6 kehrt er, seiner schlechten Gesundheit wegen, nach Beuthen zurück. Innerlich ringt er um die Frage seiner Bestimmung. Jochen Klepper hat seine Entscheidung für das Theologiestudium nie bereut. Aber die mit dem Abschluss des Studiums verbundene Erwartung, als Pfarrer der Kirche zu dienen, gerät immer mehr in Konflikt mit der künstlerischen Berufung, die sich gebieterisch in ihm regt. Dabei sollten wir schon hier beachten, dass die künstlerische Bestimmung für Klepper immer gleichbedeutend mit einer religiösen Berufung war. Etwas anderes als eine theologische Existenz stand nie zur Debatte.

Im Jahr 1927 findet der junge Klepper eine Anstellung beim Evangelischen Presseverband für Schlesien in Breslau.

Dort schreibt er Texte zu ganz unterschiedlichen Themen aus dem Bereich von Kirche, Glaube und Theologie, arbeitet auch gelegentlich beim Rundfunk mit. In dieser Zeit begegnet er erstmals Kurt Ihlenfeld, der ihm später in vielfältiger Weise Freund und Förderer werden sollte.

Im Sommer 1929 wird Klepper Untermieter im Haus von Frau Johanna Gerstel-Stein. Sie ist die vermögende Witwe eines jüdischen Anwalts und selber Jüdin. Ehe er mit dieser Frau näher bekannt wird, kannten ihn bereits die beiden Kinder, Brigitte und Renate, damals neun beziehungsweise sieben Jahre alt. Die beiden Mädchen hatten offenbar Gefallen gefunden an dem fremden jungen Mann, der in ihrer Nachbarschaft wohnte und sie freundlich beachtete. Auf diese Weise entstand dann bald auch der Kontakt zur Mutter. Zwei Jahre später heiratet Jochen Klepper die Frau, die fast dreizehn Jahre älter ist als er selbst. Die Folge dieser Eheschließung ist ein nachhaltiger Bruch mit seiner Familie, vor allem mit dem Vater, dessen antisemitische Einstellung sich mit einer solchen Verbindung nicht abfinden mag.

Neben seiner beruflichen Tätigkeit schreibt Klepper Gedichte und Artikel für Zeitungen in vielen Gebieten des Deutschen Reiches. Er verfolgt auch größere Pläne, vor allem arbeitet er an einem Roman aus der Welt der Mode, der den Titel „Die große Direktrice“ tragen soll. Aber noch ist Klepper einer so schwierigen Aufgabe nicht gewachsen. Das Werk findet keinen Verleger und trotz immer neuer Umarbeitungen bleibt der Roman schließlich unveröffentlicht liegen.

Immer gewisser wird Klepper jedoch seine Berufung zum Schriftsteller. Das Vertrauen, dass er in dieser Lebensfrage von seiner Frau Hanni empfängt, hilft ihm ganz wesentlich und führt zu einer zunehmenden Klärung seines Weges und zur Festigung seines Charakters. Klepper hat seine Ehe manchmal als seine „Rettung“ bezeichnet. Das starke Wort ist ganz bestimmt keine schwärmerische Übertreibung. Nur wenige Jahre vorher hatte ein Arzt Kleppers desolaten Gesundheitszustand so eingeschätzt, dass er überhaupt keinen geistigen Beruf würde ausüben können.

Nun spürt der junge Schriftsteller auch deutlich, dass seine Begabung sich nur in Berlin richtig entfalten kann. Im Oktober 1931 kehrt er der Provinz den Rücken und zieht in die Hauptstadt. Hanni und die beiden Mädchen folgen ein halbes Jahr später. Im November 1932 findet Klepper eine feste Anstellung beim Funk, die er aber schon im Juni 1933 wieder verliert. Seine jüdische Ehefrau und seine (zeitweilige) Mitgliedschaft in der Sozialdemokratischen Partei sind Grund für seine Entlassung. Für die nächsten zwei Jahre findet er eine bescheidene Anstellung im Verlag Ullstein. Hier verdient er sein Geld mit einfacher Büroarbeit. Vor allem für die Funkzeitung „Sieben Tage" ist er bei Ullstein zuständig. Im September 1935 wird er auch hier entlassen.

Künstlerisch aber findet Klepper immer mehr seinen Weg, seine Arbeitsweise, seinen Stil und seine Themen. Im Jahr 1933 erscheint sein erster Roman: „Der Kahn der fröhlichen Leute", eine Erzählung so heiter wie der Titel. Die Handlung spielt unter Oderschiffern und Artisten; sie nimmt den Leser mit in die Landschaft, die Kleppers Kinder- und Jugendjahre geprägt hat. Dankbar widmet er das Erstlingswerk seiner Frau. Das Buch, das damals immerhin ein Achtungserfolg wurde, erlebte in den fünfziger und sechziger Jahren als Taschenbuch in der Fischer Bücherei in immer neuen Ausgaben eine Auflage von weit mehr als hunderttausend Exemplaren.

Am 13. September 1933 aber weiß der nun gerade 30 Jahre alte Schriftsteller plötzlich, welcher Gestalt sein nächstes, großes Werk gewidmet sein soll: dem preußischen König Friedrich Wilhelm I., dem Vater Friedrichs des Großen. In mehr als dreijähriger mühseliger Arbeit entsteht Kleppers großes Buch „Der Vater. Der Roman des Soldatenkönigs", und im März 1937 liefert die Deutsche Verlagsanstalt die ersten Exemplare des 1047 Seiten umfassenden Werks aus. Der Erfolg übertrifft die kühnsten Erwartungen. In wenigen Jahren werden an die hunderttausend Exemplare verkauft, bis die kriegsbedingte Papierknappheit und die zunehmende Beschränkung der Publikationsmöglichkeiten, die das nationalsozialistische Regime gerade über jüdisch versippte und über christlich-kirchlich engagierte Künstler verhängt, weitere Nachdrucke des Buches unmöglich machen. Wenige Wochen vor dem Erscheinen des Buches war Jochen Klepper aus der Reichsschrifttumskammer ausgeschlossen worden. Aufgrund einer Sondergenehmigung durfte er trotzdem noch publizieren, musste aber jeden zur Veröffentlichung vorgesehenen Text der Kammer zur Genehmigung vorlegen.

Inzwischen hatten Kleppers sich in Berlin-Südende ein Haus gebaut. Für Klepper erfüllten sich mit dem eigenen Heim tiefe, langgehegte Wünsche und Träume. Das „Gesetz über den Umbau Berlins" führte allerdings dazu, dass sie sich der Geborgenheit in diesem Haus nicht lange erfreuen konnten. Das „tausendjährige Reich" wollte sich nur zu gern auch städtebaulich für alle Ewigkeit einen Namen machen. In Nikolassee, im Westen der Hauptstadt, ganz nahe bei Potsdam gelegen, entstand ein zweiter Neubau, den die Familie im Mai 1939 beziehen konnte.

Längst aber hatte sich die Situation des Schriftstellers und seiner Familie aufs äußerste zugespitzt. Wer die Geschichte der letzten fünf, sechs Jahre in Kleppers Leben nachzeichnen möchte, stößt auf riesige, kaum zu meisternde Schwierigkeiten. Es geht uns bei Klepper ähnlich wie bei so vielen Biographien aus jener Zeit. Wie soll ein Mensch das Schreckliche erzählen? Wie kann ich Bericht geben von einer wachsenden äußeren und inneren Not, die eigentlich alles sprengt, was Menschenworte sonst zu fassen versuchen? Soll ich, den äußeren Gang der Ereignisse nachzeichnend, mich auf die wichtigsten Daten beschränken? Oder soll ich doch versuchen, eine Sprache zu finden für ein Leid, das im wahrsten Sinne des Wortes „unsäglich" ist? Ist es nicht am angemessensten, wenn wir es machen wie Hiobs Freunde, von denen die Schrift sagt: „Und als sie ihre Augen aufhoben von ferne, erkannten sie ihren Freund Hiob nicht und erhoben ihre Stimme und weinten, und ein jeder zerriss sein Kleid, und sie warfen Staub gen Himmel auf ihr Haupt und saßen mit ihm auf der Erde sieben Tage und sieben Nächte und redeten nichts mit ihm; denn sie sahen, dass der Schmerz sehr groß war" (Hiob 2,12-13). Und vielleicht müssten wir von Hiobs Freunden auch dies lernen: die lange Zeit erschütterten Schweigens, sieben Tage und sieben Nächte!, war dennoch nicht lang genug. Als die Freunde endlich reden, ist es offenbar immer noch zu früh. Trotz, oder besser vielleicht noch: wegen ihrer unbestrittenen Klugheit erweisen sie sich als „leidige Tröster" (Hiob 16,2), als unerträgliche Besserwisser, wie wir heute wohl sagen würden, die mit ihren gescheiten Urteilen und Bewertungen den Leidenden nur quälen.

Wer das Buch Hiob mit den langen Einlassungen der Freunde auf Hiobs Klagen genau studiert, spürt, woran es diesen klugen Männern fehlte: sie konnten schlecht zuhören. Ehe das, was sie sahen und hörten, auf dem empfindlichen Grund ihrer Herzen angekommen war, hatte ihr Verstand bereits alles eingeordnet und bewertet, hatten sie nach den Maßstäben der Überlieferung ihr Urteil gefällt. Sie saßen bei ihm auf der Erde und waren offenbar doch nicht wirklich bei ihm angekommen. Wer Jochen Klepper ernstlich kennen lernen möchte, sollte wenig über ihn lesen. Er sollte sich gerade nicht „sein Urteil bilden", sondern sollte ihm zuhören, zuhören und noch einmal zuhören. Lauschen mit den Ohren, lauschen mit der Seele, lauschen mit den Ohren des Herzens. Und wer wollte sagen, er sei an den Punkt gekommen, da er nicht mehr zuzuhören brauchte, weil er das Geheimnis der Person Kleppers, sein „trotziges und verzagtes Herz" (Jeremia 17,9), ergründet habe?

Und wir können Klepper zuhören, Gott sei Dank. In seinen „Tagebüchern", die unter dem Titel „Unter dem Schatten deiner Flügel" nach dem Krieg veröffentlicht wurden (1956), lesen wir, was der Dichter in den Jahren 1932–1942, bis zum letzten Tag seines Lebens, aufgeschrieben hat. Wir können ihm zuhören in seinem Erzählen, in seinen Klagen, in seinen verzweifelten Versuchen, Gott „leidend zu loben", und in der Strenge, mit der er sich immer wieder Rechenschaft von seinem Tun und Lassen gibt. Schließlich muss das Zuhören noch in einem ganz paradoxen Sinn gelten: wer Kleppers Tagebücher liest, hört dem Dichter dabei zu, wie er selber, täglich neu, auf das ewige Wort hört und von ihm her zu leben versucht: jede Eintragung steht unter einem Bibelwort, dem Losungswort oder auch dem sogenannten Lehrtext aus den Losungen der Herrnhuter Brüdergemeine.

Der Hinweis auf Kleppers eigenes Reden entbindet uns allerdings nicht von der Aufgabe, wenigstens die wichtigsten Ereignisse aus Kleppers Leben und Schaffen bis zu seinem Tod im Dezember 1942 zu benennen. Im Jahr 1938 bringt Kleppers Freund Kurt Ihlenfeld in dem von ihm geleiteten Eckart-Verlag ein schmales Bändchen mit dem Titel „Kyrie" heraus. Es enthält zunächst 16 geistliche Lieder, Kirchenlieder, die Klepper seit einem ersten Versuch im Jahr 1935 geschrieben hatte. In den folgenden Jahren wächst das „Kyrie" in seinen weiteren Auflagen auf schließlich 30 Lieder an, ehe dem Dichter im Jahr 1941 der Strom der Kirchenlieddichtung versiegt, versiegen muss, wie Klepper selbst mit tiefem Schmerz feststellt. Ein neues Romanvorhaben beschäftigt ihn in diesen Jahren: Unter dem Titel „Das ewige Haus" will Jochen Klepper das Leben der Katharina von Bora, der Frau Martin Luthers, erzählen. Das Buch soll neben dem biographischen Aspekt noch einem zweiten Thema gewidmet sein: Dem evangelischen Pfarrhaus. Immer mühevoller gestaltet sich die Arbeit am „ewigen Haus". Bei Kleppers Tod liegen nur Fragmente vor. Das fertige Einleitungskapitel hat Karl Pagel nach dem Krieg unter dem Titel „Die Flucht der Katharina von Bora" herausgebracht (Stuttgart 1951).

Große Freude bereitete ihm, dass seine Frau sich nach einer langen Zeit der Annäherung an den christlichen Glauben am 18. Dezember 1938 taufen ließ. Damit war dann auch die ersehnte kirchliche Einsegnung der Ehe möglich; sie fand, verbunden mit der Taufe, in einem ganz kleinen, fast privaten Nachmittagsgottesdienst statt. Im Juni 1940 ließ sich dann auch die Tochter Renate taufen.

Längst aber hatte sich die Welt verdunkelt, die große Welt weltweiter Politik und die kleine Welt der zunehmend bedrohten Familie mit Kleppers jüdischer Frau und den beiden jüdischen (Stief-)Töchtern. Die Judengesetze des nationalsozialistischen Staates werden immer zahlreicher und immer brutaler, ihre Anwendung immer konsequenter und strikter.

Der älteren Tochter Brigitte war im Frühjahr 1939 die Auswanderung über Schweden nach England möglich. Jochen Klepper wird es später tief bereuen, dass er und seine Frau damals noch zögerten, die jüngere Tochter Renate den gleichen Weg gehen zu lassen. Immer mehr Juden werden deportiert, schrecklich ist, was hier und da über ihr Schicksal durchsickert. Und von den meisten hört man gar nichts. Viele, auch aus Kleppers Bekanntenkreis, nehmen sich das Leben, ehe die Geheime Staatspolizei sie abholt. Und auch in den Überlegungen Kleppers und seiner Frau Hanni geht es immer wieder um die Frage des Selbstmords als eines letzten „Auswegs“ vor dem sicheren Tod in der drohenden Deportation.

Und nun herrscht Krieg. Am 3. Dezember 1940 wird auch Klepper einberufen. Nach der Grundausbildung kommt seine Truppe in Polen und Bulgarien und schließlich, nach Hitlers Überfall auf Russland, in der Ukraine zum Einsatz. Aber schon im Oktober 1941 wird er aus der Wehrmacht wieder entlassen: wegen „Wehrunwürdigkeit“. Wer mit einer Jüdin verheiratet ist, ist es nicht wert, in der deutschen Armee zu kämpfen. Jochen Klepper war über die Entlassung zunächst keineswegs glücklich. Er war gerne Soldat gewesen.

Nun ist Klepper seinen Lieben wieder nahe und erlebt von Tag zu Tag, wie wenig er sie schützen kann. Die Tochter wird zur Arbeit in einem Rüstungsbetrieb verpflichtet. Er selbst lässt es sich gefallen, dass der Verlag Reimer ihn - mehr pro forma - im Rahmen einer „Dienstverpflichtung“ halbtags beschäftigt.

Sein Gesundheitszustand verschlechtert sich immer mehr. Kopfschmerzen, Migräne und immer wieder quälende Schlaflosigkeit, meistens trotz stark dosierter Schlafmittel, plagen ihn. Die Gedanken kreisen vor allem um das Schicksal der Tochter Renate. Schwache Hoffnungen knüpfen sich zeitweilig an einen Brief, in dem der Reichsinnenminister Frick durch seinen persönlichen Referenten Klepper im Oktober 1941 mitteilen lässt, „dass Sie wegen des Verbleibens Ihrer Stieftochter Renate Stein bei Ihnen sich keine unnötigen Sorgen zu machen brauchen. Sie fällt nicht unter die Maßnahmen, die in Verbindung mit dem Evakuierungsprogramm zur Zeit durchgeführt werden." Im übrigen riet der Minister, sich für Renate um eine Ausreise nach Schweden zu bemühen. Trotz vieler Freunde, die sich bei den schwedischen Behörden für eine Einreisegenehmigung für Renate einsetzten, scheiterte der Plan an der streng restriktiven Haltung Schwedens – bis die Genehmigung schließlich am 5. Dezember 1942 doch noch erteilt wurde. Für alle Beteiligten war dies ein unfassliches Wunder. Nun fehlte nur noch die Ausreisegenehmigung des deutschen Innenministers. Als Jochen Klepper auf dem Ministerium vorstellig wurde, musste er feststellen, dass das Recht zu solchen Genehmigungen dem Innenministerium entzogen war. Fricks „Schutzbrief" war nichts mehr wert. Maßgeblich war einzig die Entscheidung des Reichssicherheitshauptamts der Geheimen Staatspolizei; zuständig war der SS-Obersturmbannführer Adolf Eichmann. Seine Entscheidung war ein klares „Nein".

In derselben Nacht geschah, was für einen solchen Fall seit langem vorbedacht und vorbereitet war. In der Küche ihres Hauses schieden Jochen Klepper, seine Frau Hanni und die Tochter Renate gemeinsam aus dem Leben, indem sie den Gashahn öffneten. Die Haushaltshilfe fand, als sie am anderen Morgen nichts ahnend zur Arbeit ins Haus kam, an der Küchentür einen Zettel mit der Aufschrift „Vorsicht Gas!" Auch daran hatten Kleppers gedacht.

Die Beerdigung fand am 16. Dezember, am Mittwoch vor dem 4. Adventssonntag im Beisein einer kleinen Gemeinde auf dem Friedhof in Nikolassee statt. Wer will, mag das Grab besuchen und den drei Dahingeschiedenen ein stilles Gedenken schenken.

Schweigend aber sollten wir die Worte lesen, die Jochen Klepper am Vorabend der Todesnacht noch in sein Tagebuch geschrieben hat:

10. Dezember 1942

Nachmittags die Verhandlung auf dem Sicherheitsdienst.
Wir sterben nun – ach, auch das steht bei Gott:
Wir gehen heute Nacht gemeinsam in den Tod.
Über uns steht in den letzten Stunden
das Bild des Segnenden Christus,
der um uns ringt.
In dessen Anblick endet unser Leben.

Das „Kyrie“

„Als Klepper starb, hinterließ er der singenden Gemeinde einige Lieder von vollkommener Reife“ (J. Henkys, Singender und gesungener Glaube, Seite 243). Klepper selbst bezeichnete sie am liebsten als „Kirchenlieder“, und nicht, wie es der Sprachgebrauch seiner Zeit eher nahegelegt hätte, als „Geistliche Lieder“ oder gar als „Religiöse Lyrik“.

Dem steht scheinbar die Tatsache entgegen, dass das „Kyrie“ den Untertitel „Geistliche Lieder“ trägt. War diese Formulierung vielleicht ein Zugeständnis an den Herhausgeber und an eine ja erst noch zu gewinnende Leserschaft? Kleppers eigener Sprachgebrauch in seinen Tagebüchern weist jedenfalls das Wort „Kirchenlied“ als das Wort seiner Wahl aus. Wie Klepper das Wort verstanden wissen wollte, zeigt das Lutherwort, das er dem „Kyrie“ als Motto vorangestellt hat. Ein Lied wird dadurch zum Kirchenlied, dass die Kirche, die singende Gemeinde, das Lied als ihr Eigentum erkennt und approbiert.

Dabei hatte der Dichter sehr strenge Maßstäbe von dem, was die dichterische und theologische Qualität eines solchen Liedes auszeichnen sollte. Anders als heute gab es in den dreißiger Jahren des vorigen Jahrhunderts durchaus keine Massenproduktion moderner Lieder, im Gegenteil! Das 19. Jahrhundert hatte im deutschen Sprachraum eine Fülle „Geistlicher Volkslieder“ (wie „O du fröhliche“, „So nimm denn meine Hände“, „Harre, meine Seele“, „Stern, auf den ich schaue“) hervorgebracht. Aber diese Lieder hatten ihren „Sitz im Leben“ hauptsächlich in den damals entstehenden christlichen Vereinshäusern, in evangelistischen Versammlungen und in den Familien. Die Kirchenlieddichtung war verkümmert, ein vertrockneter Brunnen. Das Schaffen von Dichtern wie Rudolf Alexander Schröder, Jochen Klepper, Siegbert Stehmann und Otto Riethmüller markierte einen echten Neubeginn.

Die erste unter seinen Dichtungen, die Jochen Klepper in diesem strengen Sinn als Kirchenlied ansah, ist das im Jahr 1935 entstandene Lied „Du bist als Stern uns aufgegangen“. Es zeichnet die wichtigsten Stationen des Kirchenjahres nach. Klepper selbst bezeichnet es im „Tagebuch“ (Seite 264) noch zaghaft als „Versuch eines Kirchenliedes“. Aber bald folgten weitere Lieder, und als der Freund Kurt Ihlenfeld ihn gut zwei Jahre später zur Veröffentlichung einer ersten Sammlung seiner Lieder drängte, konnte der Dichter hierfür immerhin schon 16 Lieder bestimmen. Diese erschienen dann im Jahr 1938 unter dem Titel „Kyrie“. Als im Jahr 1941, also immerhin im dritten Kriegsjahr, eine dritte Auflage erschien, war die kleine Sammlung auf 30 Lieder angewachsen. Als diese Neuausgabe auf den Büchermarkt kam, war der Dichter selbst zumindest im Blick auf die Schaffung weiterer Kirchenlieder bereits verstummt. Die letzten seiner Lieder waren im Herbst 1940, vor seiner Einberufung zur Wehrmacht, entstanden.

Der Titel „Kyrie“ ist sicher mit Bedacht gewählt. Fast alle Lieder sind auf den Ton des liturgischen Rufs „Kyrie eleison!“, „Herr, erbarme dich!“ gestimmt. Zwei Lieder sind in einem engeren Sinn „Kyrie-Lieder“: Das Weihnachts-Kyrie („Du Kind, zu dieser heiligen Zeit“) und das Gründonnerstags-Kyrie („Heut bin ich meines Heilands Gast“).

Das schmale Bändchen fand in kurzer Zeit eine erstaunliche Verbreitung. Das ist durchaus nicht selbstverständlich. Zwar war Klepper durch seinen großen Roman „Der Vater“ (erschienen 1937) vielen Lesern bekannt geworden, aber im Unterschied zu anderen Dichtern, die mit ihrem Schaffen ähnliche Ziele verfolgten, versagte sich Klepper allen öffentlichen Lesungen und Vorträgen, obwohl es an Aufforderungen und Einladungen zu Veranstaltungen aller Art nicht fehlte, wie die zahlreichen Erwähnungen solcher Bitten in den „Tagebüchern“ zeigen.

Aber das „Kyrie“ verbreitete sich selbst. Dazu kamen Kopien und Abschriften einzelner Lieder, vor allem natürlich in Verbindung mit den ersten Vertonungen, die noch vor dem Ausbruch des zweiten Weltkriegs entstanden (Rudolf Zöbeley,

Johannes Petzold, Friedrich Samuel Rothenberg, Gerhard Schwarz u.a.). Als dann die Materialknappheit im Krieg weitere Auflagen unmöglich machte, wurden manche der Lieder aus dem „Kyrie“ sogar von Hand abgeschrieben und weitergegeben.

Es lohnt sich, dass wir uns das Büchlein noch etwas genauer ansehen. Das Inhaltsverzeichnis zeigt, dass wir es mit drei Arten von Liedern zu tun haben. Am Anfang stehen Lieder zu den Tagzeiten (zwei Morgenlieder, ein Mittagslied, zwei Abendlieder). Es folgen 19 Lieder zu den Festen des Kirchenjahres bzw. zu herausragenden einzelnen Sonntagen. Die dritte Gruppe bezieht sich auf besondere Geschehnisse im Lebenslauf des Einzelnen: Geburtstag, Taufe, Konfirmation, Trauung, sowie ein Lied, das die Überschrift „Abendmahl der Männer“ trägt. Kleppers Lieder haben alle einen ganz bestimmten „Sitz im Leben“. Sie verkündigen Gottes wunderbares, gnädiges Tun nicht in einem allgemeinen, zeitlosen Sinn, sondern in klarem Bezug auf einen bestimmten Zeitpunkt. Was sie alle miteinander verbindet, ist, dass sie davon sprechen, wie Gott selbst mit seinem Tun unsere Zeit füllt und sie von jeder inhaltslosen Monotonie erlöst.

Noch auf eine andere Besonderheit gilt es hier aufmerksam zu machen: Jedem seiner Lieder hat der Dichter ein Bibelwort vorangestellt. (Einzige Ausnahmen: das Morgenlied „Schon bricht des Tages Glanz hervor“ und das Weihnachtslied „Sieh nicht an, was du selber bist“). Kleppers Kirchenlieder wollen Bibelauslegung sein, und sind es auch. In einem Aufsatz mit dem Titel „Das göttliche Wort und der menschliche Lobgesang“ sagt Klepper: „Mit dem Sprachgut und Wortschatz der Bibel zu dichten, das ist die Zucht geworden, die eine Reihe von Dichtern auf sich genommen haben oder in die sie – und das bedeutet die stärkste Hoffnung für die Zukunft der Dichtung – von Gott genommen worden sind“ (Nachspiel, Seite 114). Mit diesen Worten beschreibt Klepper recht eigentlich seine eigene Erfahrung und Praxis. Dabei will auch dies beachtet sein: Klepper gibt zu dem vorangestellten Bibelwort grundsätzlich keine Stellenangaben. Es scheint so, als wolle er den Leser und erst recht den, der seine Lieder singt, dazu anleiten, das religiöse Gewicht, die geistliche Autorität des biblischen Wortes ganz ernst zu nehmen. Menschliche Verfassernamen und die so praktischen, aber immer auch etwas ernüchternden Angaben von Kapitel und Vers sollen ihn nicht ablenken von Gott, der sich durch das jeweilige Bibelwort seinem Herzen vernehmlich machen will.

Kehren wir zurück zur Wirkungsgeschichte des „Kyrie". Klepper war für das große Echo, das seine Lieder fanden, sehr dankbar. Aber sein Wünschen und Sehnen ging weiter, und so schließt die Eintragung am 11. Januar 1938 in den „Tagebüchern" mit dem lapidaren und offenherzigen Satz: „Die entscheidende Frage bleibt, ob ich jemals den Weg ins Gesangbuch finde".

Längst ist diese Frage mit einem klaren Ja beantwortet. Den Anfang machte das „Evangelische Kirchengesangbuch", das nach langen, durch den Krieg erheblich verzögerten Vorarbeiten im Jahre 1950 endlich erscheinen konnte – das erste Gesangbuch für alle deutschsprachigen Kirchen und Gemeinden! Die Bearbeiter dieses Gesangbuches wagten es, der singenden Gemeinde auch eine kleine Zahl ganz neuer, den meisten Gemeinden noch kaum oder überhaupt nicht bekannter Lieder zuzumuten. So war im Stammteil des „EKG", wie es dann bald abgekürzt hieß, Rudolf Alexander Schröder mit sechs Liedern vertreten und Jochen Klepper immerhin mit drei Gesängen: „Die Nacht ist vorgedrungen", „Der du die Zeit in Händen hast", sowie „Der Tag ist seiner Höhe nah".

Einen Schritt weiter ging wenige Jahre später das verbreitete Jugendliederbuch „Wachet auf", Nachfolger des vorher vielgebrauchten Buchs „Der helle Ton". Es bringt fünf Klepper-Lieder, traf aber eine etwas andere Auswahl als das Kirchengesangbuch. Neben dem Adventslied „Die Nacht ist vorgedrungen" finden wir hier das Weihnachtslied „Du Kind, zu dieser heiligen Zeit", das Silvesterlied „Ja, ich will euch tragen", das Morgenlied „Er weckt mich alle Morgen" und das für den letzten Sonntag des Kirchenjahrs bestimmte „Mein Gott, ich will von hinnen gehen".

Ganz wesentlich zur Verbreitung von Kleppers Liedern beigetragen hat dann ein schmales Bändchen mit dem Titel „Das Junge Lied. 80 neue Lieder der Christenheit", das Friedrich Samuel Rothenberg im Jahre 1949 im Eichenkreuz-Verlag herausbrachte. In vielen Jugendkreisen diente es als Ergänzung zum „Wachet auf" bzw. „Ein neues Lied". Unter den achtzig Liedern dieses Buches befinden sich nicht weniger als zwölf Stücke aus dem „Kyrie", die meisten davon mit dreistimmigen Sätzen, die das mehrstimmige Singen sehr gefördert haben.

Wie weit Jochen Kleppers Lieder sich inzwischen verbreitet hatten, zeigte sich dann auch ganz überraschend, als in den siebenziger Jahren das „Gotteslob", das erste katholische Einheitsgesangbuch im deutschsprachigen Raum, erschien (1975). Es enthält drei Lieder von Jochen Klepper: „Die Nacht ist vorgedrungen", „Der du die Zeit in Händen hast" und – sicher ein ganz besonderes Wagnis – sogar das Geburtstagslied „Gott wohnt in einem Lichte".

Auch in den pietistisch geprägten evangelischen Gemeinschaften und Freikirchen war Jochen Klepper „entdeckt" worden. Die „Gemeindelieder", das Gesangbuch des Bundes Freier Evangelischer Gemeinden, bringen sieben Klepper-Lieder, darunter (soweit ich sehe) erstmals auch das „Trostlied am Totensonntag": „Nun sich das Herz von allem löste". Das Liederbuch „Jesus unsere Freude", das Gesangbuch der deutschen Gemeinschaftsbewegung, enthält sogar neun Lieder von Jochen Klepper.

Reife Frucht dieser vielfältigen Bemühungen um Jochen Kleppers Lieder ist nun das vor einigen Jahren erschienene neue „Evangelische Gesangbuch", das in seinem Stammteil zwölf Lieder von Klepper enthält. Dabei ist ein Vergleich mit dem Vorgänger, dem „EKG", interessant: Die drei Klepperlieder, die in dieses Buch aufgenommen waren, hatten sich so gut bewährt, dass sie alle drei auch im „Evangelischen Gesangbuch" Berücksichtigung fanden – während von den sechs Liedern, die das „EKG" von dem früher meistens höher eingeschätzten Rudolf Alexander Schröder gebracht hatte, nur noch eines im „Evangelischen Gesangbuch" wiederkehrt.

Mit den zwölf Liedern im Stammteil des „Evangelischen Gesangbuchs“ scheint der Prozess der Annahme von Kleppers Kirchenliedern allerdings auch ziemlich abgeschlossen zu sein. Unter den siebzehn Texten, die nicht im „Evangelischen Gesangbuch“ zu finden sind, mögen zwei oder drei sein, bei denen es immerhin der Diskussion wert ist, ob sie sich zum gottesdienstlichen Gesange eignen. Aber im großen und ganzen gilt, dass sich in den verbleibenden Texten zwar eine Fülle kleiner Perlen findet, gelungene Formulierungen, Zeilen, Strophen, mit anderen Worten: Dichtungen, die sehr wohl erbaulich zu lesen sind. Aber eine Aufnahme in ein Kirchengesangbuch ist trotzdem aus verschiedenen Gründen nicht geraten.

Liedbetrachtungen

Er weckt mich alle Morgen

EG 452

Er weckt mich alle Morgen; er weckt mir das Ohr, dass ich höre wie ein Jünger. Der Herr hat mir das Ohr geöffnet; und ich bin nicht ungehorsam und gehe nicht zurück. Denn ich weiß, dass ich nicht zuschanden werde. Er ist nahe, der mich gerecht spricht. nach Jesaja 50,4.5.7.8

Er weckt mich alle Morgen;
er weckt mir selbst das Ohr.
Gott hält sich nicht verborgen,
führt mir den Tag empor,
dass ich mit seinem Worte
begrüß' das neue Licht.
Schon an der Dämmerung Pforte
ist er mir nah und spricht.

Er spricht wie an dem Tage,
da er die Welt erschuf.
Da schweigen Angst und Klage;
nichts gilt mehr als sein Ruf!
Das Wort der ewigen Treue,
die Gott uns Menschen schwört,
erfahre ich aufs neue,
so wie ein Jünger hört.

Er will, dass ich mich füge.
Ich gehe nicht zurück.
Hab' nur in ihm Genüge,
in seinem Wort mein Glück.
Ich werde nicht zuschanden,
wenn ich nur ihn vernehm':
Gott löst mich aus den Banden!
Gott macht mich ihm genehm!

Er ist mir täglich nahe
und spricht mich selbst gerecht.
Was ich von ihm empfahe,
gibt sonst kein Herr dem Knecht.
Wie wohl hat's hier der Sklave –
der Herr hält sich bereit,
dass er ihn aus dem Schlafe
zu seinem Dienst geleit'!

Er will mich früh umhüllen
mit seinem Wort und Licht,
verheißen und erfüllen,
damit mir nichts gebricht;
will vollen Lohn mir zahlen,
fragt nicht, ob ich versag'.
Sein Wort will helle strahlen,
wie dunkel auch der Tag!

„Unfasslich ist die Fülle von Bibelworten, die als geschlossene Zeile ins Lied übernommen und zum Ausgangspunkt eines geistlichen Liedes werden können. Ist's nicht der Anfang eines Morgenliedes, wenn es bei Jesaja heißt:

Er weckt mich alle Morgen;
er weckt mir das Ohr – ?"

So hat es Jochen Klepper in seinem Aufsatz „Das göttliche Wort und der menschliche Lobgesang" (1939) gesagt. Ein Jahr vorher, im April 1938, am Dienstag der Karwoche, war das Lied entstanden, auf das er mit diesen Worten Bezug nimmt.

So sind dem „Morgenlied" im „Kyrie" Worte aus dem 50. Kapitel des Propheten Jesaja vorangestellt, in denen der Prophet von der Sendung des Gottesknechtes spricht. Sie gehören zum dritten der vier in der Forschung als Gottesknechtslieder bezeichneten Texte. Klepper wählt aus dem Text einzelne Verse bzw. Versteile aus: V.4b.5a.7c.8a. Dabei bleiben die Worte, in denen der Gottesknecht von den wütenden Angriffen spricht, denen er sich auf Grund seiner Sendung ausgesetzt sieht, unberücksichtigt.

Wer Kleppers Morgenlied betrachtet, sollte auf die feine Architektur des Textes achten. Das Lied ist ganz auf Gottes Wort und Willen konzentriert. So beginnt jede der fünf Strophen mit einem betonten „Er". In immer neuen Variationen spricht der Dichter von Gottes Reden; das „Wort" ist gleichsam Schlüsselwort des ganzen Liedes (1,5; 2,5; 3,4; 5,2; 5,7).

Kleppers Lied setzt das Reden Gottes in Beziehung zu einer ganz bestimmten Tageszeit, dem Morgen. Was sind es für Assoziationen, die die Morgenstunde bei uns wachruft? Von einem unfreundlichen Wecker geweckt - natürlich nicht richtig ausgeschlafen - die Routine alltäglicher Morgenverrichtungen - Zeitdruck - Sorgen im Blick auf schwierige Aufgaben, die vor mir liegen - unverarbeiteter Ärger von gestern, der sich in Erinnerung bringt - das Frühstück, hastig und ohne Genuss - der Aufbruch zur Arbeit. Das volkstümliche Reden von der Morgenstunde, die Gold im Munde hat, ist nur zu oft der reinste Hohn angesichts dieses allmorgendlichen Szenarios. Und Jochen Kleppers Lied?

Es lässt fast alles das souverän beiseite, was den Morgen zu einer ganz besonders schwierigen Tageszeit macht. In diesem Lied zählt nur eines: dass der Tag mit dem Reden des lebendigen Gottes beginnt. Sein Wort, das den ganzen Tag bestimmen will, steht am Anfang. Dabei spricht der Dichter nicht von frommer Pflicht oder von einem erträumten Ideal. Seine Worte sind gedeckt durch eigene Praxis und eigene Erfahrung. Aus dem Elternhaus - der Vater war durch die Frömmigkeit der Herrnhuter Brüdergemeine geprägt - war Klepper mit dem Losungsbüchlein der Herrnhuter vertraut. Die „Tagebücher" zeigen, wie er gewohnt war, den Tag mit der Lesung von Losungswort und Lehrtext zu beginnen. Hier erlebte Klepper, was er in der ersten Strophe seines Morgenliedes sagt:

> „dass ich mit seinem Worte
> begrüß' das neue Licht."

Und er erfährt dabei die erweckende Kraft dieses Wortes und erlebt sich selbst als den „Jünger“, der seinem Meister lauscht, um von ihm zu lernen.

Wer sich Kleppers Morgenlied meditierend aneignen will, sollte in aller Ruhe alles das in sich aufnehmen, was der Dichter über das Reden seines Gottes sagt. Die Alten nannten eine solche Meditationsweise mit einem lateinischen Wort die „ruminatio“ eines Textes. Ruminatio ist ein sehr anschauliches Wort. Eigentlich meint es das Wiederkäuen der Kühe, die ihre Nahrung auf diese Weise geruhsam und genüsslich ihrem Magen assimilieren.

Was sagt uns Klepper über das Wort, das Gott an jedem Morgen neu zu ihm spricht? Es ist das Wort, das im Anfang das Universum ins Dasein rief (2,1-2), ein kräftiges Wort also, das bewirkt, wovon es spricht. Es bringt Angst und Klage zum Schweigen (2,3-4) und vergewissert uns der unverbrüchlichen Treue unseres Gottes (2,5-6). Dieses Wort gibt nicht unverbindliche Anregungen, Gedankenanstöße, wie wir heute oft sagen. Es verlangt Gehorsam (3,1). Doch wer sich gehorsam auf dies Wort einlässt, wird es nicht als entfremdenden Zwang erfahren, sondern als Fülle, die allem Mangel aufhilft und in einem ganz umfassenden Sinn glücklich macht (3,3-4). Wer auf dieses Wort setzt, braucht nicht zu fürchten, dass er am Ende als der Blamierte dasteht (3,5). Dieses Wort macht frei (3,7) und sagt mir, dass ich Gott recht bin (4,1-2). Dabei muss sich das Wort Knecht bzw. das noch viel härter klingende Wort Sklave eine gewaltige Umwertung gefallen lassen. Plötzlich ist der Knecht der Beschenkte, und der Sklave wird von seinem Herrn freundlich in den Tag und an seine Aufgaben geleitet (4,3-8). Schließlich klingen Wort und Licht zusammen (5,1-2). Das Wort stellt den Tag unter eine Zusage Gottes, an deren Erfüllung nicht zu zweifeln ist (5,3-4). Am Ende aber steht – in Anlehnung an Jesu Gleichnis von den Arbeitern im Weinberg – die Auszahlung des „vollen Lohns“ selbst für den Säumigsten wie für den Versager (5,5-6). Und so wird das Wort Gottes, mit dem der Tag begonnen hat, auch den dunkelsten Tag durchstrahlen (5,7-8). An dunklen Tagen aber hat es in Kleppers Leben wahrhaftig zu keiner Zeit gefehlt.

Ich kennen keinen Text, der schöner oder konzentrierter sagt, was das Reden Gottes, was sein täglich neu ergehendes Wort für uns Menschen bedeutet. Klepper bringt dieses Wort so zum Strahlen, dass ich spüre, wie reich mein Leben ist, wenn ich diesem Wort mein Ohr leihe.

Mit dem Stichwort Ohr aber – in Kleppers Lied gleich am Anfang der ersten Strophe angesprochen – stoßen wir auf eine Not, die keiner, dem eine „Theologie des Wortes" am Herzen liegt, übersehen darf. Unsere „Theologie des Wortes" versinkt in abstrakter Intellektualität, wenn sie nicht auch eine „Theologie des Ohrs", wohlgemerkt: des von Gott selbst geweckten Ohrs, ist. Wie aber ist es um meine Ohren bestellt? Wie viel müssen sie tagaus tagein ertragen? Wie anders waren die Ohren der Menschen, die in biblischer Zeit bezeugten, dass sie die Stimme Gottes vernommen hatten!

Unsere Ohren sind krank, sind schwer krank. Dabei sei zur Veranschaulichung hinzugefügt: Unsere Ohren sind beseelt. Von einem Mikrophon mit seinem oft bewundernswert feinen Hörvermögen sind sie himmelweit unterschieden. Unser Ohr kann etwas, was das Mikrophon nicht kann: es kann sich verhören, und, noch mehr, es kann etwas überhören. Darin aber besteht paradoxerweise nicht seine Unterlegenheit unter das Mikrophon, sondern seine Überlegenheit. Unsere Ohren – übersättigt, überreizt, überfordert. Abgenutzt und abgestumpft. Malträtiert und gequält. Ohren, denen vor allem eines nicht gegönnt ist: sich erholen dürfen, sich regenerieren, sich verfeinern, sich weiten, kurzum: reifen. Kein Organ kann gedeihen, wenn wir ihm nicht hinreichend die Möglichkeit zur Erholung bieten.

Hören, „so wie ein Jünger hört". Dazu bedarf es aufmerksamer Pflege dieses für unser menschliches Miteinander so wichtigen Organs. Nicht anders aber ist es, wenn es um das Miteinander von Gott und Mensch geht. Wichtigstes Heilmittel für unsere kranken Ohren ist das Schweigen. Denn Gott legt es offenbar nicht darauf an, die Geräusche unserer lauten Welt brüllend zu übertönen. Sein Reden ist in der Regel so leise, dass ein Mensch es sehr wohl überhören kann. Aber gerade mit seinem feinen leisen Klang bewirkt das Wort das Wunder: es weckt uns das Ohr. Diese Erweckung aber ist das absolute Gegenteil zu dem, was unsere heutige Sprache mit dem schrecklichen, leider allerdings sehr treffenden Wort „zugedröhnt“ sagt. Doch mit dem Wort Gottes ist es nicht anders als mit einer wunderschönen Musik: wir wissen, dass die Freude an solchen Klängen ganz und gar abhängt von der Stille, mit der die Menschen ihnen lauschen.

Schon bricht des Tages Glanz hervor

EG 453

Schon bricht des Tages Glanz hervor.
Voll Demut fleht zu Gott empor,
dass, was auch diesen Tag geschieht.
Vor allem Unheil er behüt'.

Er halte uns die Lippen rein,
kein Hader darf uns heut entzwein.
Er mache unser Auge frei
und zeige, was da eitel sei.

Ringt um des Herzens Lauterkeit!
Legt ab des Herzens Härtigkeit!
Des Fleisches Hoffart beugt und brecht!
Und Trank und Speise brauchet recht.

Auf dass, wenn dann die Sonne sinkt
und Dunkel wieder uns umringt,
wir ledig aller Last der Welt
lobsingen dem im Sternenzelt.

Lob dem, der unser Vater ist,
und seinem Sohne Jesu Christ,
dem Geist auch, der uns Trost verleiht,
vordem, jetzt und in Ewigkeit.

Mit diesem Lied beginnt das „Kyrie“. Dort trägt es die Überschrift „Ambrosianischer Morgengesang“. Innerhalb des „Kyrie“ ist es eines der beiden Lieder, denen kein Bibelwort vorangestellt ist. Das hat hier einen einfachen Grund: es handelt sich nicht um eine freie Schöpfung Kleppers, sondern um die Übersetzung eines alten lateinischen Hymnus. Klepper hat sich nicht aus freien Stücken an diese schwierige Aufgabe gewagt. Der evangelische Kirchenmusik-Kreis des Burckhardthauses hatte ihn darum gebeten. Die „Umdichtung“ – so

Kleppers eigene Bezeichnung im Tagebuch (Seite 773) – entstand im Juni 1939, zwei Wochen nach dem Umzug ins neue Haus in Nikolassee.

In der Zeit nach dem ersten Weltkrieg war neben vielem anderen altkirchlichem Liedgut auch die altkirchliche lateinische Hymnendichtung wiederentdeckt worden. Ausgangspunkt der neuen liturgischen Bewegung war das Benediktinerkloster Maria Laach in der Eifel; in der evangelischen Kirche machten sich die Michaelsbruderschaft und der Berneuchner Kreis um die alten Texte und Weisen verdient. Bei dem Wort „Hymnendichtung" haben wir an eine ganz strenge Form zu denken. Jede Strophe besteht aus vier Zeilen, jede Zeile aus acht Silben, das Versmaß ist in der Regel jambisch.

Schon die lutherische Reformation hatte viele der alten Texte in eine singbare deutsche Fassung übersetzt. Als Beispiel seien Luthers „Nun komm, der Heiden Heiland" und Erasmus Albers Abendlied „Christe, du bist der helle Tag" genannt.

Die Übertragung eines solchen Hymnus aus der lateinischen Sprache ins Deutsche ist wirklich ein Kunststück, eine Aufgabe, wie sie schwieriger kaum sein kann. Man muss sich dafür nur einmal vor Augen führen, wie verschieden voneinander die deutsche und die lateinische Sprache sind. Das Lateinische zeichnet sich durch eine ganz erstaunliche Kürze und Prägnanz des Redens aus. Wer etwas auf Lateinisch sagt, braucht wenige Worte, viel weniger als im Deutschen. Auch die Silben sind kurz, dafür ist das Wort aber um so klangvoller durch seinen Reichtum an Vokalen. So hat das Lateinische meistens einen durchaus strengen Charakter. Es ist eine asketisch disziplinierte Sprache, die blumiger Weitschweifigkeit ziemlich abhold ist. Sie zwingt zu Genauigkeit. Und doch begnügt sie sich oft mit knappen Andeutungen, lässt vieles offen, lässt vieles in der Schwebe. Nun gilt alles dies noch mehr, wenn es sich um einen poetischen Text handelt, der dem Dichter auch im Lateinischen große Freiheiten in Ausdrucksweise und Wortstellung lässt.

Wer einen solchen Text ins Deutsche überträgt, muss wirklich ein Meister sein, wenn das Werk gelingen soll. Und wenn nun obendrein die Forderung gilt, dass die Übersetzung singbar sein muss und dass sie der vorgegebenen strengen Strophen- und Zeilenform entsprechen soll, möchte auch einem Dichter der Mut sinken. Um einen kleinen Eindruck von diesen Schwierigkeiten zu vermitteln, gebe ich hier als Beispiel den lateinischen Text der vierten Strophe mit einer streng wörtlichen Prosa-Übersetzung wieder:

> Ut cum dies abscesserit
> noctemque sors reduxerit,
> mundi per abstinentiam
> ipsi cantemus gloriam.
>
> Damit, wenn der Tag von hinnen geschieden ist
> und das Los die Nacht zurückgeführt hat,
> durch Weltenthaltsamkeit
> wir ihm die Ehre singen.

Kleppers Umdichtung hält sich ziemlich streng an das sperrige lateinische Original. Er widersteht der Versuchung, den Sinn der lateinischen Worte nur ungefähr zu treffen. Bemerkenswert ist, dass Kleppers Übersetzung dem Text eine stärker imperativische Struktur gibt, wenn der Dichter in der ersten und dritten Strophe Aussagen und Wünsche in Imperative, also in unmittelbare Aufforderungen verwandelt. Dass Klepper den vier Strophen des lateinische Originals eine Gloria-Strophe hinzufügt, ist keine Gewaltsamkeit. Jeder Hymnus schloss mit einem in die Strophen- und Zeilenform eingepassten „Ehre sei dem Vater und dem Sohn und dem Heiligen Geist …".

Aber nun müssen wir von einer ganz anderen Besonderheit dieses Liedes sprechen. Die lateinischen Hymnen entstammen der klösterlichen Welt der alten Kirche und des Mittelalters, und viele von ihnen lassen auch in ihren Inhalten diese Herkunft erkennen. So ist auch der „Ambrosianische Morgengesang" (der wohl nicht von Ambrosius selbst gedichtet, sondern im Mittelalter entstanden ist) das Lied einer christlichen Lebensgemeinschaft. Der evangelischen Christenheit sind solche Gemeinschaften eigentlich ziemlich fremd.

Auch für Jochen Klepper muss man das wohl ohne Einschränkung sagen. Man kennt – neben der christlichen Familie – nur die Kirchengemeinde, die sich sonntags zum Gottesdienst versammelt, während im Alltag jede und jeder seinen Weg für sich geht. Erst in neuerer Zeit hat sich dies Bild durch die Entstehung evangelischer Orden und Kommunitäten etwas gewandelt. So ist „Schon bricht des Tages Glanz hervor" nicht ein sehr persönliches Morgenlied wie „Er weckt mich alle Morgen", sondern Gesang und Gebet von Menschen, die einen gemeinsamen Tag vor sich haben. Der Tag einer solchen Gemeinschaft ist strukturiert durch das gemeinsame Gebet am Morgen und am Abend. Was ist einer solchen „Gemeinde" für ihr Zusammenleben wichtig? Wie kann gemeinsames Leben gelingen? Kleppers Nachdichtung gibt uns zur Beantwortung dieser Fragen viel Stoff.

Am Anfang steht eine Haltung, die gerade auch für das Gebet wichtig, ja, unerlässlich ist: „voll Demut fleht zu Gott empor". Das Wort Demut hat heute oft einen fatalen Beigeschmack. Zu viele Zerrformen dieser Tugend sind unter meist fragwürdiger Berufung auf biblische Worte gepredigt und gelebt worden. Vielleicht sollten wir den als demütig bezeichnen, der seine Grenzen kennt und respektiert, also ein Mensch, der sich nicht größer und besser macht, als er in Wirklichkeit vor Gott und Menschen ist, der sich aber auch nicht darin gefällt, sich künstlich eine Kleinheit anzumaßen, die ihm genauso wenig entspricht. Die Schuhe sollen passen.

Wichtig ist nun vor allem die Bitte um Bewahrung „vor allem Unheil", vor Schaden jedweder Art. Die kleine Gemeinschaft sieht sich von Gefahren bedroht, die sie nicht einfach durch irgendwelche zweckdienlichen Maßnahmen ausschalten kann. Der Versucher schläft auch tagsüber nicht. Die zweite Strophe zeigt, worauf es wachsam zu achten gilt. Immer droht der Gemeinschaft Entzweiung. Gerade die Zunge ist ein versuchliches Organ. Eindrucksvoll spricht der lateinische Text vom horror litis, dem Horror, dem Schrecken des Zanks, der die Harmonie stört. Auch das Auge wird leicht zum Einfallstor der Versuchung. Wie leicht fällt es auf falschen Glanz herein und berauscht sich an dem, was doch eitel, hohl und leer ist!

Die dritte Strophe führt uns von den im Kopf angesiedelten Organen in die Mitte unserer Existenz. Jetzt geht es um unser Herz. Lauter und rein soll es sein, aufrichtig und unverstellt, ein blanker Spiegel, damit es der Seligpreisung Jesu in der Bergpredigt (Matthäus 5,8) entspricht. Und weich soll es sein, nicht verhärtet und verstockt. Es ist noch nicht lange her, da war viel vom Beton in den Köpfen die Rede, der verschwinden müsse. Was aber, wenn sogar das Herz hart ist wie Beton und sich durch nichts mehr erweichen lassen will?

Seltsam fremd klingt das nächste Stichwort: Fleisch. Es ist ein sehr biblisches Wort, dem modernen Sprachgebrauch aber selbst in den Kirchen hoffnungslos entfremdet. Hoffart, die der anfangs geforderten Demut widerspricht, zeichnet das Fleisch aus, dazu – wie wir etwas modernisierend wohl sagen können – Bequemlichkeit, Habenwollen und Leidensscheu. Nur zu gerne wäre das „Fleisch" König. Das ist seine Hoffart, sein schrecklicher, tyrannischer Herrschaftsanspruch. Aber dieser Anspruch wird ihm im Leben der christlichen Gemeinschaft bestritten. Nicht zufällig stellt sich in diesem Zusammenhang die Mahnung zu maßvollem Gebrauch von Speise und Trank ein. Im lateinischen Original ist dies noch deutlicher. Hier ist es die Sparsamkeit beim Essen und Trinken, die den Hochmut „zerbröseln" soll.

Der Tag ist Einübung in das Abendgebet. Die asketische Disziplin im Tageslauf ist die Voraussetzung dafür, dass wir am Abend unser Loblied „ledig aller Last der Welt" singen. Mit einem schweren Rucksack auf dem Rücken oder einem Koffer in jeder Hand singt es sich schlecht. Aber noch einmal mutet uns der Morgengesang ein schwieriges Kirchenwort zu: „Welt". Auch dieses Wort hat ähnlich wie „Demut" und „Fleisch" in der christlichen Sprachgeschichte viel erlitten. Was meint das so oft missbrauchte Wort eigentlich? Offenbar nicht das, was so mancher mit dem Reden von der „bösen Welt" oder dem Eigenschaftswort „weltlich" verbindet. Die Welt ist ein harter Herr, ein Sklavenhalter und Ausbeuter. Sie ist ein Zwingherr, der von uns immer das Unmögliche verlangt. Aus der Fülle des Aufgezwungenen sei hier nur eines genannt: Fehlerlosigkeit, Perfektion. Wem die Welt diese Haltung aufzwingt, wer keinen Fehler machen darf, weil es keine Vergebung gibt, hat schwer zu tragen. Er verlernt das Wort „Freiheit“, selbst wenn er es täglich im Munde führte. Der Lobgesang ist nur als Lied der Ledigen, der von solchen Lasten Befreiten möglich, und der Abend ist die Zeit, da die „abstinentia mundi“, die Weltenthaltsamkeit oder Zivilisationsaskese, wie wir heute sagen, den Lohn der Sorgenfreiheit empfängt.

Der Tag ist seiner Höhe nah

EG 457

Wenn du der Stimme des Herrn, deines Gottes, gehorchen wirst, werden über dich kommen alle diese Segen:

Gesegnet wirst du sein in der Stadt, gesegnet auf dem Acker.

Gesegnet wird sein die Frucht deines Leibes, die Frucht deines Landes und die Frucht deines Viehs. Gesegnet wird sein dein Korb und dein Backtrog.

Gesegnet wirst du sein, wenn du eingehst, gesegnet wenn du ausgehst.

Der Herr wird gebieten dem Segen, dass er mit dir sei in deinem Keller und in allem, was du vornimmst, dass alle Völker auf Erden werden sehen, dass du nach dem Namen des Herrn genannt bist, und der Herr wird dir seinen guten Schatz auftun, den Himmel, dass er deinem Land Regen gebe zu seiner Zeit und dass er segne alle Werke deiner Hände.

nach 5. Mose 28,1ff.

Der Tag ist seiner Höhe nah.
Nun blick zum Höchsten auf,
der schützend auf dich niedersah
an jedes Tages Lauf.

Wie laut dich auch der Tag umgibt,
jetzt halte lauschend still,
weil er, der dich beschenkt und liebt,
die Gabe segnen will.

Der Mittag kommt. So tritt zum Mahl;
denk an den Tisch des Herrn.
Er weiß die Beter überall
und kommt zu Gaste gern.

Er segnet dich in Dorf und Stadt,
in Keller, Kammer, Feld.
Was dir der Herr gesegnet hat,
bleibt fortan wohlbestellt.

Er segnet dir auch Korb und Krug
und Truhe, Trog und Schrein.
Ihm kann es keinen Tag genug
an Segensfülle sein.

Er segnet deiner Bäume Frucht,
dein Kind, dein Land, dein Vieh.
Er segnet, was den Segen sucht.
Die Gnade schlummert nie.

Er segnet, wenn du kommst und gehst;
er segnet, was du planst.
Er weiß auch, dass du's nicht verstehst
und oft nicht einmal ahnst.

Und dennoch bleibt er ohn' Verdruss
zum Segnen stets bereit,
gibt auch des Regens milden Fluss,
wenn Regen an der Zeit.

Sein guter Schatz ist aufgetan:
des Himmels ewiges Reich.
Zu segnen hebt er täglich an
und bleibt sich immer gleich.

Wer sich nach seinem Namen nennt,
hat er zuvor erkannt.
Er segnet, welche Schuld auch trennt,
die Werke deiner Hand.

Die Hände, die zum Beten ruhn,
die macht er stark zur Tat.
Und was der Beter Hände tun,
geschieht nach seinem Rat.

Der Tag ist seiner Höhe nah.
Nun stärke Seel' und Leib,
dass, was an Segen er ersah,
dir hier und dort verbleib.

Unter uns gibt es ein Wort, das es in meiner Jugend und in den ersten Jahren meiner Berufstätigkeit noch nicht gab: Stress. Neue Worte signalisieren neue Sachverhalte, neue Realitäten, oder wenigstens dies, dass etwas, was es vielleicht auch früher gab, jetzt in unser Bewusstsein getreten ist. Das Wort Stress braucht man nicht zu erklären. Jeder kennt es, und jeder leidet.

Mitten in alle Stresserfahrung hinein meldet sich der Dichter zu Wort:

> Wie laut dich auch der Tag umgibt,
> jetzt halte lauschend still.

Mancher stressgeplagte Zeitgenosse möchte abwinken und sagen: Der hat gut reden, damals, im Jahr 1938, konnte von Stress noch keine Rede sein! Aber die Eintragungen in Kleppers Tagebuch im Juni 1938, also gerade in der Zeit, da er sein Mittagslied schrieb, zeigen das Gegenteil: „Abends um zehn fängt es an, ruhig für mich zu werden. Ich arbeitete noch bis dreiviertel eins; ich schrieb ein Mittagslied zu dem Morgen- und Abendlied. Aber ich bin verstörter denn je. Ich fürchte, diesmal haben wir zu viel auf uns genommen" (4. Juni, Pfingstsonnabend). Und tags darauf: „Um zehn wurde es noch einmal zur Arbeit ganz still. Doch ist's so, als der einzigen Stille am Tage, kein haltbarer Zustand" (Seite 602).

Kleppers Mittagslied ist ein kostbares Geschenk an alle, die sich gehetzt und gestresst fühlen. Wer der Aufforderung

> Jetzt halte lauschend still

auch nur für kurze Zeit Folge leistet, wird großen Gewinn davon haben. Wer das Mittagslied mit seinen freundlich werbenden und mahnenden Worten zu sich sprechen lässt – es ist ja von der ersten bis zur letzten Strophe eine sehr persönliche Anrede – wird spüren: diese Worte tun mir gut.

Kleppers Mittagslied ist in seiner Art wirklich einzigartig. In unseren Gesangbüchern bietet selbst die Rubrik „Mittag" keinen vergleichbaren Text. Das sollte uns auch nicht zu sehr verwundern, denn in der liturgischen Überlieferung der Kirche hat der Mittag im Vergleich zu Morgen und Abend immer eine bescheidene Rolle gespielt. Schon im Judentum, von dem wir Christen die Anfänge unserer Tagzeitengebete gelernt haben, lag alles Gewicht auf dem Morgen- und dem Abendgebet, und auch in den Klöstern ist das Mittagsgebet, die Sext, das Gebet zur sechsten Stunde, denkbar kurz und einfach gestaltet.

Eine Mittagsandacht muss wirklich nicht lang sein. Ein kurzes Innehalten, vielleicht gerade so lang, wie die Mittagsglocke läutet, ist ein starker Wellenbrecher, ein Damm gegen die zerstörerischen Kräfte der Strömung, die uns mit sich fortreissen möchte. Aber es wäre zu wenig, wenn wir nur von der erholsamen Wirkung solchen stillen Innehaltens sprechen würden. Der tiefste Grund für die Mahnung:

> Jetzt halte lauschend still!

ist, dass uns der Segen, der Segen Gottes, nicht entgehen soll. Segen aber ist das Schlüsselwort in Kleppers Mittagslied. In fast jeder Strophe kommt es, als Tätigkeitswort oder als Substantiv, wenigstens einmal vor, insgesamt vierzehnmal. Der Dichter entnimmt es dem biblischen Wort, das er seinem Lied vorangestellt hat, den Segensverheißungen aus dem 5. Buch Mose (Kapitel 28, Auszüge aus den Versen 1–6, 8, 10, 12). Wir werden auf die Bedeutung dieses Schlüsselwortes noch zurückkommen.

Zunächst wollen wir uns jedoch mit der Struktur des Liedes beschäftigen. Für den Gebrauch in der Gemeinde scheint es mit seinen zwölf Strophen zu lang geraten zu sein, und auch ein Einzelner wird sich in seiner stillen Besinnung von der Länge des Liedes leicht überfordert fühlen. Das Liederbuch „Das Junge Lied“ bot den Text in einer auf fünf Strophen verkürzten Form: Strophe 1–3 und 11–12. Nun sind solche Kürzungen meist ein sehr fragwürdiges Unterfangen. Oft tun sie dem Lied Gewalt an, und manchmal sind sie ein richtiges Zerstörungswerk. Aber bei Kleppers Mittagslied machen wir eine überraschende Entdeckung: es verträgt die Kürzung auf die ersten drei und die beiden letzten Strophen ohne Schaden! Vor allem die Tatsache, dass sich der Anfang der elften Strophe mit den Worten

Die Hände, die zum Beten ruhn

bruchlos an den Schluss der dritten Strophe

Er weiß die Beter überall
und kommt zu Gaste gern

fügt, ist erstaunlich. Weiter ist zu bemerken, dass es die ausgewählten Strophen sind, die vom Mittag und vom Mittagsmahl sprechen, während in dem großen Mittelblock ganz allgemein und von jeder Tageszeit unabhängig vom Segen die Rede ist. Das heißt nicht, dass wir die Strophen 4–10 einfach vergessen sollten; auch sie haben ihre Bedeutung und ihr Gewicht, aber die Kürzung ist ebenso sinnvoll wie praktikabel.

Nun aber zurück zu Kleppers Schlüsselwort, dem Segen. Was ist Segen? Jedenfalls ist er gemäß biblischem Zeugnis eine Gabe Gottes, und das in einem ganz entschiedenen und ausschließenden Sinn. Wenn Menschen segnen, wovon die Bibel ja auch oft spricht, dann tun sie das nie in eigener Machtvollkommenheit. Wir wissen, dass das Gelingen unserer Arbeit in einem hohen Maß abhängt von unserer Begabung, unserer Intelligenz, unserer Kreativität, unserer Erfahrung, unserer Sorgfalt, unserer Energie. Aber da ist etwas, was sich unserem Wollen hartnäckig entzieht, was nie und nimmer in das eingeht, was wir das „know how" nennen. Paradoxerweise merken wir dieses „etwas" oft erst dann, wenn es ausbleibt, wenn es fehlt. Wir merken es etwa an einem Gegenstand, der hervorragend gearbeitet ist und dessen wir dennoch nicht richtig froh werden. Wir merken es bei einer Mahlzeit, die reichhaltig, wohlschmeckend und vollwertig ist, aber die Seele steht am Ende hungrig vom reich gedeckten Tisch auf, weil sie nichts abbekommen hat. Das Essen war gesund, aber das ist zu wenig; es war nicht gesegnet.

Segen hat – vor allem im Alten Testament – fast immer eine dingliche Grundlage, er ist geknüpft an so konkrete Dinge wie Essen und Trinken, Küche und Vorratskammer, Korb und Krug, Truhe und Trog, an Kinder und Vieh, an Bäume und Pflanzen. Aber der Segen geht nicht darin auf, dass einer dies alles hat, ja reichlich hat. Erst der Segen Gottes macht, dass ein Mensch aller dieser Gottesgaben wirklich froh wird und dass nicht nur sein Stoffwechsel von der Nahrung profitiert, sondern seine Seele.

Kleppers Lied ist reich an solchen Konkreta, und es scheint so, als genösse es der Dichter geradezu, dass er in die Welt der sonst ja oft sehr wenig erdenschweren Kirchenlieder endlich einmal diese ganz und gar alltäglichen Dinge einführen kann. Einige dieser Worte (Stadt, Keller, Korb, Trog, Kind, Land, Vieh) entnimmt er seinem Bibeltext, die anderen fügt er selbst hinzu.

Freilich – die meisten dieser Worte erinnern an eine längst versunkene Welt. „Korb und Krug, Truhe, Trog und Schrein" – das scheint hoffnungslos agrar-sozial und ist es auch, obwohl eine differenzierende Betrachtung zeigen würde, dass sich hier Elemente der alten bäuerlichen Welt mit der Einrichtung eines Bürgerhauses verbinden und mischen. Aber wie dem auch sei, unsere eigene Welt erkennen wir in diesen Kulissen kaum wieder.

Und wenn wir einmal versuchten, die bäuerlich-bürgerlichen Orte und Gegenstände durch Begriffe aus unserer Welt zu ersetzen? Er segnet dich auch am PC? Mit Kühlschrank und Mikrowelle? In Garage und Hobbyraum? Wie klingt das in unseren Ohren? Ein tiefer Spalt tut sich plötzlich vor uns auf. Auf der einen Seite ist klar: der Segen kann sich mit Kühlschrank und Mikrowelle genauso gut verbinden wie mit Korb und Krug. Und Auto und Waschmaschine bedürfen des Segens nicht weniger als Truhe, Trog und Schrein. Gott sei Dank! Und doch ist da ein Unterschied, den man gerade bei Jochen Klepper wahrnehmen kann. Die Gegenstände, auch die Gebrauchsgegenstände, mit denen sich Klepper umgab, hatten einen Wert, der sich nie und nimmer mit einem Preis angeben lässt. Ihr Nutzen ging weit über ihre Funktionsfähigkeit hinaus. Sie waren liebenswürdig und liebenswert, und Klepper hat sie sehr geliebt, wie seine Tagebücher deutlich zeigen. Und sie wiesen über sich hinaus, wie wir es auch im Mittagslied sehen: das „Mahl" erinnert an den „Tisch des Herrn" (3,1–2). Und Kühlschrank, Mikrowelle, Garage und PC – woran erinnern sie?

Hoffnungslos überholt ist Kleppers Anschauungsmaterial, wirklich hoffnungslos. Es gibt kein Zurück. Aber vielleicht spüren wir bei den Gefühlen von Fremdheit und bei dem Widerspruch, den Kleppers Welt in uns wachruft, dass unser Leben durch den Fortschritt zwar reicher und vor allem bequemer geworden ist, uns in anderer Hinsicht jedoch arm gemacht hat.

Segen ist nicht machbar, er bleibt unverdientes und unverhofftes Geschenk. Segen will erbeten sein. Klepper spricht hier ganz konkret vom Tischgebet, und seine Worte, zumal in der zweiten und dritten Strophe, zeigen, dass er an ein ganz bestimmtes Gebet denkt:

> Komm, Herr Jesus,
> sei du unser Gast
> und segne,
> was du uns bescheret hast.

Unser Mittagslied wäre jedoch kein echtes Klepperlied, wenn es uns verschweigen würde, dass in der Gabe des Segens immer so etwas wie ein göttlicher Trotz enthalten ist. Ja, ein energisches, von Gott selbst gesprochenes „Trotzdem!“, das uns den Segen gewährt trotz unserer Gedankenlosigkeit (7, 3-4) und trotz unserer Schuld (10, 3-4).

Für den persönlichen Gebrauch seien zum Schluss ein paar praktische Empfehlungen gegeben. Es lohnt sich, das Lied auswendig zu lernen. Das gilt natürlich zunächst ganz besonders für den „Rahmen“, also die ersten drei und die letzten beiden Strophen. Aber auch das große Mittelstück lohnt – trotz der genannten Bedenken – die Mühe des Memorierens. Wer das Lied, ganz oder teilweise, auswendig kann, „by heart“, wie es die englische Sprache so schön sagt, wird es leicht zu einem kurzen mittäglichen Innehalten abrufen können. Für eine tiefere Meditation sei darauf hingewiesen, dass der Mittelblock neben den dinglich-konkreten Bildern in jeder Strophe so etwas wie eine allgemeingültige Sentenz enthält, die von der konkreten Segensgabe zur grundsätzlichen Segenserfahrung führt. So entstehen wunderbare „Merksätze“ wie

> Ihm kann es keinen Tag genug
> an Segensfülle sein

oder

> Die Gnade schlummert nie

oder

> Zu segnen hebt er täglich an
> und bleibt sich immer gleich.

Über allem aber steht die herzliche Einladung, den göttlichen Segen im Getriebe und Lärm des Alltags nicht zu verpassen, denn der Segen kommt allemal auf leisen Sohlen, und spektakulär ist er wahrhaftig nicht.

Ich liege, Herr, in deiner Hut

EG 486

Ich liege und schlafe ganz mit Frieden; denn allein du, Herr, hilfst mir, dass ich sicher wohne. Psalm 4,9

Ich liege, Herr, in deiner Hut
und schlafe ganz mit Frieden.
Dem, der in deinen Armen ruht,
ist wahre Rast beschieden.

Du bist's allein, Herr, der stets wacht,
zu helfen und zu stillen,
wenn mich die Schatten finsterer Nacht
mit jäher Angst erfüllen.

Dein starker Arm ist ausgestreckt,
dass Unheil mich verschone
und ich, was auch den Schlaf noch schreckt,
beschirmt und sicher wohne.

So will ich, wenn der Abend sinkt,
des Leides nicht gedenken,
das mancher Erdentag noch bringt,
und mich darein versenken,

wie du, wenn alles nichtig war,
worauf die Menschen hoffen,
zur Seite warst und wunderbar
mir Plan und Rat getroffen.

Weil du der mächtige Helfer bist,
will ich mich ganz bescheiden
und, was bei dir verborgen ist,
dir zu entreißen meiden.

Ich achte nicht der künftigen Angst.
Ich harre deiner Treue,
der du nicht mehr von mir verlangst,
als dass ich stets aufs neue
zu kummerlosem tiefem Schlaf
in deine Huld mich bette,
vor allem, was mich bitter traf,
in deine Liebe rette.

Ich weiß, dass auch der Tag, der kommt,
mir deine Nähe kündet
und dass sich alles, was mir frommt,
in deinem Ratschluss findet.

Sind nun die dunklen Stunden da,
soll hell vor mir erstehen,
was du, als ich den Weg nicht sah,
zu meinem Heil ersehen.

Du hast die Lider mir berührt.
Ich schlafe ohne Sorgen.
Der mich in diese Nacht geführt,
der leitet mich auch morgen.

Herb und zart klingt Kleppers Abendlied, sehr herb und sehr zart. Anders klingt es als die Abendlieder des 19. Jahrhunderts, die – meist von der Romantik inspiriert – den Abend so freundlich und so weich zeichnen. Da „säuselt Frieden nieder", da ist „Abendstille überall", und wenn auch „der Abendhauch kalt weht", so zeigt sich die Welt im matten Licht der Dämmerung doch „so traulich und so hold", „und aus den Wiesen steigt der weiße Nebel wunderbar". Kleppers Lied erinnert eher an die alten Abendlieder aus der Reformationszeit und aus der Zeit des Dreißigjährigen Krieges, in denen noch viel die Rede ist von den Schrecken der Nacht, von Gefährdungen und Versuchungen, und von bösen Mächten, die in der Finsternis ihr Wesen treiben. So ist auch für Klepper die Nacht eine Zeit besonderer Bedrohungen, wenn plötzlich Ängste den Schlaflosen heimsuchen, wenn ihn „die Schatten finsterer Nacht mit jäher Angst erfüllen". Und doch ist das stärkste, das eigentlich tragende Wort des Liedes nicht das Wort Angst, sondern das „ganz in Frieden", das – dem biblischen Wort aus dem 4. Psalm entlehnt – schon den ersten Satz bestimmt und in der achten und elften Strophe in leicht veränderter Formulierung wieder aufgenommen wird.

Die Art aber, wie Klepper sowohl von den Schrecken wie vom Frieden spricht, verdient es wirklich, dass wir sie zart nennen. Sie entspringt innerster Erfahrung. Der Dichter lässt uns Zeuge eines sehr intimen Zwiegesprächs mit seinem Gott werden. Dabei spricht in diesem Lied nur einer, der Dichter, und doch haben die Worte nichts Monologisches an sich. Wer den Text aufmerksam liest oder singt, spürt, wie hier jedes Wort Antwort ist, Antwort auf Gottes Wort und Verheißung.

Das Lied ist eines der fünf Klepper-Lieder, die man in einem ganz spezifischen Sinn als Bibellieder bezeichnen kann. Sie sind nicht nur in der üblichen Weise mit einem Bibelwort überschrieben; dieses ist vielmehr gleich in die Anfangsworte des Liedes hineingewoben. So hat Klepper denn auch in seinem Essay „Das göttliche Wort und der menschliche Lobgesang" auf diesen Charakter des Psalmworts hingewiesen: „Liegt nicht im neunten Vers des von Luther so geliebten 4. Psalmes: ‚Ich liege und schlafe ganz mit Frieden; denn allein du, Herr, hilfst mir, dass ich sicher wohne' ein Abendlied umschlossen, das dichterischer Zutat nicht bedarf?" (Nachspiel, Seite 114 f.)

„Dichterischer Zutat nicht bedarf" – das steht freilich in einem gewissen Widerspruch zum Umfang des Liedes. Die Auslegung des kurzen zweizeiligen Psalmworts umfasst ja immerhin elf Strophen! Aber ein genaues Studium des Textes zeigt, wie Klepper seinem Grundsatz treu bleibt. Die „dichterische Zutat", die Klepper so verabscheut, meint ja das Überhandnehmen einer phantasievollen, kreativen künstlerischen Subjektivität. Klepper aber bleibt von Anfang bis Ende Prediger, der dem göttlichen Wort verpflichtet ist, und Ausleger, der nicht aus dem Eigenen schöpft, sondern einer fremden Botschaft Gehör und Verständnis schaffen will. Das gilt auch für die Aussagen, in denen der Dichter – mehr als in anderen seiner Kirchenlieder – sehr persönlich spricht.

Es ist nicht ganz leicht, sich in dem langen Text zurechtzufinden. Klepper hat ihn auch nicht so stark und nicht so deutlich strukturiert wie andere seiner Lieder. Wer den Text auswendig lernen möchte, wird diese Schwierigkeit merken. Eine kleine formale Beobachtung kann jedoch eine bescheidene Hilfe sein. Die sechste Strophe ist wie eine Säule in der Mitte des Gebäudes. Vor und nach dieser Säule haben wir jeweils eine Doppelstrophe, in der der Satzbau ein Strophenende überspringt, so dass ein langer, zwei Strophen umfassender Satz entsteht. Dem gehen am Anfang die drei Strophen voraus, die mit wörtlichen Zitaten aus dem Psalmtext durchsetzt sind. Die letzten drei Strophen variieren noch einmal die für das Lied so wichtigen Elemente von Ausblick und Rückblick.

Als Klepper sein Abendlied schrieb, hatte sich die weltpolitische Lage bereits sehr zugespitzt, und die persönliche Situation des Dichters und seiner kleinen Familie wurde von Tag zu Tag bedrückender. In so schweren Zeiten erleben viele Menschen, wie schwer uns gerade die Nächte werden. Tagsüber lassen sich Sorgen und Befürchtungen wenigstens hin und wieder und für einige Stunden zurückdrängen. Konzentrierte Arbeit, die Begegnung mit anderen Menschen, kleine Freuden und kleine Ablenkungen bringen den Gefährdeten auf andere Gedanken. Aber sobald die Pflicht getan ist, sobald man sich von den Anstrengungen des Tages erholen möchte, wenn die Nachttischlampe ausgeknipst ist, kommen die Dämonen, die bösen Geister der Finsternis und zeigen ihre hässlichen, furchterregenden Fratzen. Sie kommen in Gestalt von Angst um die persönliche Existenz und um das Leben der Lieben; sie zeigen sich in anklagenden Selbstvorwürfen, begründeten und unbegründeten; sie verbreiten das Gift eines pathologischen Selbstzweifels. Sie zwingen zu Grübelgedanken, die man nicht denken will und doch nicht lassen kann. Sie stellen einem die schlimmsten Möglichkeiten vor Augen. Jede Nacht wird zu einem neuen Gethsemane, und immer erlebt man die Not solcher finsteren Stunden einsam und verlassen. Der Schlaf aber, der erlösende, will nicht kommen, und wenn er sich endlich doch eingestellt hat, dann reißt einen ein Albtraum aus dem eben gewonnenen Frieden. Schrecklicher als viele andere Menschen hat Klepper die Not solcher Nächte erlitten. So schreibt er bald nach der Entstehungszeit des „Abendlieds“ in sein Tagebuch: „Ich bemühe mich jetzt, ohne Schlafmittel zu schlafen. Ich mache die Erfahrung, dass das Schwerste die nun hemmungslos frei gewordenen Träume sind: Luftkrieg, Mobilmachung, Lahmlegung durch die Kulturkammer, ja, selbst körperliches Ringen mit dem Teufel!“ (Seite 661). Wie begegnet er diesen bösen Mächten?

Zuerst sucht er die Geborgenheit bei dem, der ihn „in diese Nacht“ geführt hat. In seiner Hut weiß er sich behütet. (Man mag dabei an die Herrnhuter Prägungen in Kleppers Familie denken. Der Name Herrnhut war ja so gewählt, dass er an die Hut, an den Schutz des Herrn für die Gemeinde erinnern sollte.) In seinen Armen ruht er, mit seiner Hilfe rechnet er. Gottes „starker Arm“ ist seine Hoffnung, er ist der „mächtige Helfer“, von ihm fühlt er sich zu Bett gebracht wie ein Kind.

Seine Gedanken aber gelten dem, was Gott in seinem Leben bereits getan hat. Er hat es ja erlebt, wie Gott in aussichtslos erscheinenden Situationen „zur Seite war und wunderbar mir Plan und Rat getroffen“. Dieser Rückblick war für Klepper eine der grundlegenden Äußerungen des Glaubens. Sie hat nichts Sentimentales, die Vergangenheit Verklärendes an sich. Sie ist einfach nur Gehorsam gegen die Mahnung der Schrift, die uns sagt: Vergiss nicht, was er dir Gutes getan hat!

Der Blick zurück aber bestimmt dann auch den Blick nach vorne:

> Ich weiß, dass auch der Tag, der kommt,
> mir deine Nähe kündet,
> und dass sich alles, was mir frommt,
> in deinem Ratschluss findet.

In dieser Gewissheit kann man auch angesichts „künftiger Angst“ mit Gottes Treue rechnen, und auch das letzte Wort des ergreifenden Abendliedes ist ein Wort der Zuversicht:

> Der mich in diese Nacht geführt,
> der leitet mich auch morgen.

Klepper notiert in seinem Tagebuch (Seite 661), was ein Pfarrer aus Württemberg ihm geschrieben hat, dessen „schwerkranker Vater das ‚Abendlied‘ oft Vers für Vers wiederholte“. „Vers für Vers“, so sollte man Kleppers Lied als Abendgebet beten, memorieren, meditieren. Wieder und wieder wird es dem, der sich seinen Worten anvertraut, einen hilfreichen Dienst tun, und schwerlich wird es sich jemals abnutzen.

Wie aber ist es Klepper mit seinem eigenen Lied ergangen? Unter dem 8. Oktober finden wir in den Tagebüchern eine rührende Eintragung (Seite 663): „Die dritte Nacht ohne Schlafmittel überstanden. Es muss um des ‚Abendliedes‘ willen im ‚Kyrie‘ sein. – ich will es bis zum Äußersten versuchen“. Das war ein tapferer Entschluss. Was er gedichtet hatte, wollte er leben. Er wollte – mit Paulus gesprochen – nicht anderen predigen und selber verwerflich sein. Lange hat Klepper seinen Entschluss nicht durchhalten können. Das Wort „überstanden“ in der eben angeführten Eintragung lässt ja bereits ahnen, dass der ehrliche Versuch sich früher oder später als Selbstüberforderung erweisen sollte. In den Eintragungen aus Kleppers letztem Lebensjahr mehren sich die oft erschütternd zu lesenden Äußerungen über „elendste Nächte“. So schreibt er am 10. Januar 1942: „... dass ich mit drei Schlafmitteln früh um halb sechs noch wach liege und meine Migräne immer quälender wird“ (Seite 1019). Ist das ein Offenbarungseid? Hat Klepper sein eigenes Werk diskreditiert?

Nun, viele lyrische Gedichte und auch viele Kirchenlieder sind nicht als nüchterne Beschreibung des Ist-Bestandes zu verstehen. Nicht eine schonungslose Analyse der eigenen äußeren und inneren Befindlichkeit ist der Sinn solcher Texte. In seinem Werk transzendiert der Dichter das, was seinen augenblicklichen Zustand ausmacht, auf das hin, was er eigentlich sein möchte, sein kann, darf, soll. Solches Überschreiten der Gegenwart auf Erwünschtes und Erhofftes hin ist kein Freibrief für ein Abgleiten in eine Welt wirklichkeitsfremder Illusionen. Und schon gar nicht kann oder darf das Gedicht einer Lebenslüge das Wort reden. Ein Prediger ist kein Hochstapler oder, besser, er sollte es nicht sein. Wohl aber kann und soll ein Gedicht Ausdruck für eine der Grundbewegungen unseres Menschseins sein. Es meint eine Haltung, die vor dem gegenwärtigen Elend nicht kapituliert, sondern es überschreitet in Richtung auf das, was eigentlich, um Gottes willen sein sollte. Es ist die Haltung des Kindesvaters, von dem das Evangelium erzählt. Er spricht (Markus 9,24): „Ich glaube; hilf meinem Unglauben!“

Kleppers Lied ist kein Wundermittel. Unsere Zeit ist reich an Ratgebern – Literatur, in der erfolgreiche Menschen ihre Erfolgsrezepte anpreisen und verkaufen. Jochen Kleppers Dichtung ist nicht von dieser Art. Aber einer, der selbst nicht erfolgreich war, vermag das Heer der Gescheiterten doch wohl besser und glaubwürdiger zu trösten, als einer, der es nachweislich geschafft hat.

Die Nacht ist vorgedrungen

EG 16

Und weil wir solches wissen, nämlich die Zeit, dass die Stunde da ist, aufzustehen vom Schlaf: (sintemal unser Heil jetzt näher ist, denn da wir gläubig wurden; die Nacht ist vorgerückt, der Tag aber nahe herbeigekommen): so lasset uns ablegen die Werke der Finsternis und anlegen die Waffen des Lichtes. nach Römer 13,11f.

Die Nacht ist vorgedrungen,
der Tag ist nicht mehr fern.
So sei nun Lob gesungen
dem hellen Morgenstern!
Auch wer zur Nacht geweinet,
der stimme froh mit ein.
Der Morgenstern bescheinet
auch deine Angst und Pein.

Dem alle Engel dienen,
wird nun ein Kind und Knecht.
Gott selber ist erschienen
zur Sühne für sein Recht.
Wer schuldig ist auf Erden,
verhüll' nicht mehr sein Haupt,
er soll errettet werden,
wenn er dem Kinde glaubt.

Die Nacht ist schon im Schwinden,
macht euch zum Stalle auf!
Ihr sollt das Heil dort finden,
das aller Zeiten Lauf
von Anfang an verkündet,
seit eure Schuld geschah.
Nun hat sich euch verbündet,
den Gott selbst ausersah!

Noch manche Nacht wird fallen
auf Menschenleid und -schuld.
Doch wandert nun mit allen
der Stern der Gotteshuld.
Beglänzt von seinem Lichte,
hält euch kein Dunkel mehr.
Von Gottes Angesichte
kam euch die Rettung her.

Gott will im Dunkel wohnen
und hat es doch erhellt!
Als wollte er belohnen,
so richtet er die Welt!
Der sich den Erdkreis baute,
der lässt den Sünder nicht.
Wer hier dem Sohn vertraute,
kommt dort aus dem Gericht!

Schon im „Evangelischen Kirchengesangbuch“ (1950) erscheint Kleppers Lied als Adventslied. Dabei trägt es im „Kyrie“ die Überschrift „Weihnachtslied“, und auch der knappe Eintrag im Tagebuch am 18. Dezember 1937 sagt: „Ich schrieb am Nachmittag ein zweites Weihnachtslied: ‚Die Nacht ist vorgedrungen...‘“ (Seite 531). Wie konnte aus dem Weihnachtslied ein Adventslied werden?

Ein mehr formaler Grund könnte darin bestehen, dass das biblische Wort, das der Dichter dem Lied vorangestellt hat (Römer 13,11-12), einen Bezug zur Adventszeit hat: seit altersher wird am 1. Sonntag im Advent der Abschnitt Römer 13,11-14 als Epistel gelesen. Dazu kommt dann aber ein inhaltlicher Gesichtspunkt. Das Lied, das ja in seiner zweiten und dritten Strophe durchaus von der Menschwerdung Gottes und vom Stall von Bethlehem spricht, ist im ganzen auf einen eher verhaltenen Ton gestimmt: Die Nacht ist vorgedrungen, aber sie ist noch nicht ganz zu Ende. Verhalten klingt das Lied vor allem, wenn man es mit dem Jubel einiger klassischer Weihnachtslieder wie „Lobt Gott, ihr Christen, alle gleich“ oder auch „O du fröhliche...“ vergleicht. Verhalten klingt auch die Melodie von Johannes Petzoldt, die sich schon früh durchgesetzt hat.

Nicht weniger als sechs Weihnachtslieder hat Klepper geschrieben. Keines unter den großen Festen des Kirchenjahrs hat der Dichter so geliebt und Jahr für Jahr mit solcher Hingabe gefeiert wie Weihnachten. Das Lied „Die Nacht ist vorgedrungen" ist wohl das einprägsamste unter Kleppers Weihnachtsliedern, vielleicht überhaupt sein populärstes Lied. Dazu hilft sicher auch die feine Architektur des Textes. Der Ruf, mit dem das Lied beginnt, „Die Nacht ist vorgedrungen!", wiederholt sich in leicht variierter Formulierung am Anfang der dritten Strophe. Auch die Anfangszeile der vierten Strophe wiederholt das Wort Nacht, nun aber mit einer etwas anderen Blickrichtung. Die fünfte Strophe schließlich spricht in ihrer ersten Zeile vom Dunkel. – In der Strophenform folgt der Dichter einem geradezu klassischen Modell evangelischer Kirchenlieddichtung. Wir kennen es aus Liedern wie „O Haupt voll Blut und Wunden" oder „Befiehl du deine Wege".

Das ganze Lied ist durchzogen von starken Gegensätzen. Schon die alten Weihnachtslieder aus der Zeit vor der Reformation liebten es, das alle Maßstäbe menschlicher Vernunft sprengende Wunder der Menschwerdung Gottes in Paradoxien zu beschreiben: Nacht und Tag; weinen – loben; dem alle Engel dienen – Kind und Knecht; Dunkel – erhellt; richten – belohnen.

Bestimmendes Wort des ganzen Liedes ist das Wort „Nacht" – ein Lieblingswort Kleppers, das uns gerade in seinen Kirchenliedern sehr oft begegnet. Ein befremdliches Lieblingswort, denn das, was es besagt, gehört ja wirklich nicht zu dem, was sich jemand liebend erwählt, weil er vom Glanz des Erwählten fasziniert ist. Nacht meint die Dunkelheit, die auf unserem Menschenleben lastet. Nacht, das ist Leid und Schuld, wie Klepper es immer wieder, besonders eindrücklich aber am Anfang der vierten Strophe, sagt.

Was eigentlich Nacht ist, erfährt man erst, wenn man eine ganze Nacht hindurch gewacht hat. Es ist ein wunderbares Geschenk, wenn man – mit Matthias Claudius gesprochen –

die Nacht als eine Zeit erlebt, „da ihr des Tages Jammer verschlafen und vergessen sollt“. Wem diese Gnade aus irgendeinem Grund versagt bleibt, weiß aus Erfahrung, dass die Nacht nicht nur schrecklich dunkel ist. Sie ist vor allem entsetzlich lang, und das Warten auf den Morgen kann furchtbar qualvoll sein. Auf nächtlicher Wanderung oder, mehr noch, beim nächtlichen Wachen an Krankenbetten kann man erleben, wie schwer dies Warten fällt. Nachtwache aber ist mehr als nur eine seltene Erfahrung, die manche Menschen vielleicht sogar von Berufs wegen machen. Manche und mancher spürt bei solchem Wachen vielleicht plötzlich, dass „Nachtwache“ eines der tiefsten Symbole menschlicher Existenz ist. Aber gerade der, der so voll Sehnsucht dem Morgen entgegen wacht, kann ermessen, was es bedeutet, wenn plötzlich ein Ruf die Nacht durchdringt:

> Die Nacht ist vorgedrungen,
> der Tag ist nicht mehr fern!

Kleppers Weihnachtslied ist eine Weihnachtspredigt. Diese Feststellung mag zunächst wie ein kritisches Urteil klingen, vielleicht sogar wie eine Verurteilung. Wir verbinden mit einer Predigt meistens mehr oder weniger geistreiche Erklärungen, Deutungen, Mahnungen. Und oft denkt man bei dem Wort Predigt sogar ganz einfach an Langeweile, an ein manchmal qualvolles Warten auf das „Amen“. Von einem Lied erwarten wir etwas ganz anderes als von einer Predigt. Hatte doch auch Kleppers theologischer Lehrer aus Breslauer Studienzeiten, Rudolf Hermann, bei aller Anerkennung für Kleppers Werk kritisch angemerkt, er habe „bisweilen leise den Eindruck theologischer Begriffe in Versen“ gehabt (Briefe Seite 44).

Aber für Kleppers Lieder, von denen nicht wenige den Charakter einer zu singenden Predigt haben, gilt eher umgekehrt, dass unsere oft so mageren, von Intellekt und Moral verwässerten Predigten von diesen Texten lernen können, was eigentlich Aufgabe einer wahrhaft evangelischen Predigt ist. Zwei Beobachtungen, die jede Predigtlehre zieren könnten, sollen dies verdeutlichen. Kleppers Weihnachtspredigt in

Liedgestalt beginnt mit einem Trompetenstoß. In einer Formulierung, die an einen alten Wächterruf erinnert, wird vor allem Erklären und Deuten, vor allem Problematisieren und Moralisieren, angesagt, was die Stunde geschlagen hat: Die Nacht ist vorgedrungen! Der Morgenstern kündet das Nahen des Tages an. Und: Kleppers Weihnachtslied ist von der ersten bis zur letzten Zeile ein tröstliches, ein mutmachendes Lied. Der Dichter löst damit das ein, was er der Freundin Ilse Jonas, damals Vikarin, auf ihre Frage „Was sollen wir predigen?“ geantwortet hatte: „Trost, immer wieder Trost!“ (Jonas, Jochen Klepper, Seite 97).

Ja, Kleppers Lied ist voller Trost für alle, die unter der Erfahrung von Leid und Schuld seufzen; in immer neuen Anläufen verkündet er ihnen die Botschaft, dass sich etwas grundlegend geändert hat. Wer das Lied sorgfältig bedenkt, wird das starke Gewicht spüren, dass die immer neuen indikativischen Ansagen haben, die in keiner Strophe fehlen. Aus ihnen resultieren die Aufforderungen und Mahnungen, in denen es darum geht, der großen nun eingetretenen Veränderung im eigenen Verhalten Rechenschaft zu tragen.

Dabei widersteht der Dichter der Versuchung, die frohe Botschaft so zu verkündigen, dass der Hörer in eine Art Rausch versetzt wird, der ihn um den harten Ernst und die Schwierigkeiten der noch vor ihm liegenden Wegstrecke betrügt. Weihnachten soll nicht eine Illusion nähren, der spätestens am dritten Feiertag ein böses Erwachen folgt. „Noch manche Nacht wird fallen auf Menschenleid und -schuld“. Aber mit einem kräftigen „doch“ eingeleitet, wird diese Ankündigung sogleich ins rechte Licht gerückt, in das Licht des Morgensterns, des Sterns der Gotteshuld, der am Nachthimmel erschienen ist und dem Wanderer den Weg weist. Die Dunkelheit hat ihre alles bestimmende Macht verloren, wir sind aus der Finsternis gerettet.

Die fünfte Strophe wiederholt das für Klepper so wichtige Wort „doch“: „Gott will im Dunkel wohnen und hat es doch erhellt“. In Anlehnung an ein alttestamentliches Wort (1. Könige 8,12) spricht der Dichter von der Verborgenheit Gottes, der in einem ganz tiefen Sinn das Licht der Öffentlichkeit, das Rampenlicht der großen Bühnen, die Scheinwerfer der Medien scheut. Aber in paradoxer Weise gilt, dass Gott unsere Dunkelheit, die sein geliebtes Dunkel, die sein bevorzugter Aufenthalt ist, auf wunderbare Weise erhellt hat. Wir sind der Finsternis nicht länger ausgeliefert und haben allen Grund zu frohem Lobgesang. Mehr noch als von anderen Dichtungen Kleppers gilt im Blick auf dieses Lied, dass es erst da, wo wir es singen, seine ganze Kraft entfaltet und uns seinen Trost spüren lässt.

Du Kind, zu dieser heiligen Zeit

EG 50

Und sie gebar ihren ersten Sohn und wickelte ihn in Windeln und legte ihn in eine Krippe; denn sie hatten sonst keinen Raum in der Herberge. Lukas 2,7

Du Kind, zu dieser heiligen Zeit
gedenken wir auch an dein Leid,
das wir zu dieser späten Nacht
durch unsere Schuld auf dich gebracht.
Kyrie eleison!

Die Welt ist heut voll Freudenhall.
Du aber liegst im armen Stall.
Dein Urteilsspruch ist längst gefällt,
das Kreuz ist dir schon aufgestellt.
Kyrie eleison!

Die Welt liegt heut im Freudenlicht.
Dein aber harret das Gericht.
Dein Elend wendet keiner ab.
Vor deiner Krippe gähnt das Grab.
Kyrie eleison!

Die Welt ist heut an Liedern reich.
Dich aber bettet keiner weich
und singt dich ein zu lindem Schlaf.
Wir häuften auf dich unsere Straf'!
Kyrie eleison!

Wenn wir mit dir einst auferstehn
und dich von Angesichte sehn,
dann erst ist ohne Bitterkeit
das Herz uns zum Gesange weit!
Hosianna!

Alle Weihnachtslieder Kleppers zeichnet ein mehr oder weniger herber Ton aus. Am meisten gilt dies wohl von diesem Lied, das im „Kyrie“ die Überschrift „Weihnachts-Kyrie“ trägt. Seine Parallele hat es in einem Passionslied, dem der Dichter die Überschrift „Gründonnerstags-Kyrie“ gegeben hat. Gemeinsam ist diesen beiden Liedern, dass jede Strophe mit dem Ruf „Kyrie eleison“, „Herr, erbarme dich!“ schließt. Nur ganz am Schluss des Liedes, am Ende der letzten Strophe, steht an Stelle des bittenden Kyrie das jubelnde „Hosianna“.

Was verband der Dichter mit dem Kyrie-Ruf? In den Gottesdiensten, die Klepper in Berlin besuchte, gehörte das Kyrie zum Eingangsteil der Liturgie. Hier hat es den Charakter eines Sündenbekenntnisses, das seinerseits auf einen Gnadenspruch ausgerichtet ist, der mit dem Gloria, dem „Ehre sei Gott in der Höhe“ verbunden ist. Man könnte es auch so sagen: Das „Kyrie-eleison“ ist das demütige Gebet des Zöllners, der beim Eintritt in den Tempel seiner Schuld inne wird.

Mit dem „Kyrie-eleison“ als Strophenschluss erinnert Kleppers Lied an frühe deutsche Kirchenlieder, an die ersten Gemeindegesänge in der Volkssprache, die sogenannten „Leisen“. In unseren Gesangbüchern erscheinen sie vor allem unter den Festliedern: Luthers Weihnachtslied „Gelobet seist du, Jesu Christ“, das Osterlied „Christ ist erstanden“, Luthers Pfingstlied „Nun bitten wir den Heiligen Geist“.

Auch hier lohnt sich ein Blick auf den Aufbau des Liedes. Die erste und die letzte Strophe bilden einen Rahmen: hier steht das „wir“ der singenden Gemeinde im Vordergrund. Der Mittelteil ist bestimmt durch den deutlichen Kontrast, der von den Worten „voll Freudenhall“, „Freudenlicht“ und „an Liedern reich“ ausgeht. Dies alles ist charakteristisch für das Weihnachtsfest, wie es die Welt feiert. Jede der drei Strophen beginnt mit „Die Welt“; ihr wird dann mit „Du aber“ beziehungsweise „Dein aber“ und „Dich aber“ das bittere Los des Kindes in der Krippe gegenüber gestellt. Auf diesen Ton ist das Lied auch durch das Bibelwort gestimmt, das ihm vorangestellt ist: „Und sie gebar ihren ersten Sohn und wickelte ihn in Windeln und legte ihn in eine Krippe; denn sie hatten sonst keinen Raum in der Herberge.“ In den herben Dissonanzen der drei Mittelstrophen wehrt sich Klepper gegen die so naheliegende Tendenz, das „geboren von der Jungfrau Maria" aus dem Glaubensbekenntnis von seiner Fortsetzung zu isolieren. Die Geschichte geht weiter, wie sie angefangen hat, und so erscheint in der zweiten Strophe das „gekreuzigt" aus dem Bekenntnis, während die dritte in einer auch sprachlich sehr eindrücklichen Wendung an das „begraben" erinnert. Die letzte Strophe aber ist dann so etwas wie ein Ostervers, der auf das Ende aller Dinge blickt. Herb und dissonant klingen auch Worte wie „Urteilsspruch", „Gericht" und „Strafe". So aber wird das prophetische Wort „Die Strafe liegt auf ihm, auf dass wir Frieden hätten" (Jesaja 53,5), der klassische Karfreitagstext der evangelischen Kirche, zum Weihnachtstext!

Von großem Gewicht für das ganze Lied ist das Wort „gedenken", das erste Tätigkeitswort in Kleppers Text:

> Du Kind, zu dieser heiligen Zeit
> gedenken wir auch an dein Leid …

Das Wort „gedenken" ist ein sehr biblisches Wort. Durch alle Schichten des Alten wie des Neuen Testaments hindurch begegnet es dem aufmerksamen Leser immer wieder. Etwas zugespitzt dürfen wir wohl sagen: Der biblische Glaube ist eine Religion des Gedenkens oder, negativ ausgedrückt, eine immer neue Kampfansage gegen das stumpfe, leichtfertige Vergessen. Dies ist eine der elementaren Versuchungen, der wir Menschen immer wieder ausgesetzt sind: Vergessen, wer Gott in Wahrheit ist; vergessen, was er in unserem Leben getan hat; vergessen, wer wir in Wahrheit sind; vergessen, wozu wir geschaffen sind.

Und ist nicht Weihnachten oft genug ein Fest des Vergessens? Lieder, Riten, Symbole, Sitten, Mahlzeiten, bei denen die Menschen es sich gut sein lassen. Friede auf Erden – selbst Kriege werden für drei Tage unterbrochen! Und der Edelmut, der sonst elf Monate im Jahr Mangelware ist, nimmt plötzlich gewaltige Ausmaße an. In keinem Monat wird so viel gespendet – es gibt ja ein dreizehntes Monatsgehalt! Und keiner soll einsam sein, und auch die Botschaft, die in den überfüllten Kirchen verkündet wird, kommt oft über „ein bisschen Frieden" und ein bisschen Sentimentalität nicht hinaus.

Klepper will nicht vergessen, will nicht betäuben, sondern „gedenken", gedenken an so unangenehme Tatsachen wie unsere Schuld, die mit ihren schrecklichen Folgen im Stall von Bethlehem offenbar wird. Die Botschaft des Festes lautet nicht „positive thinking" und „Es gibt doch noch gute Menschen". Weihnachten ist nicht das Fest des Edelmutes, sondern die Erinnerung daran, wie Gott an uns, unter uns leidet.

Aber – und dies ist für das Verständnis von Jochen Kleppers Lied ganz wichtig – Klepper war kein Bilderstürmer. Da ist, dem Wort „gedenken" beigesellt, ein kleines Wörtchen, das wir auf keinen Fall übersehen dürfen, das Wörtchen „auch":

> Du Kind, zu dieser heiligen Zeit
> gedenken wir *auch* an dein Leid...

Für einen Bilderstürmer gibt es gerade dieses „auch" nicht. Die Bilderstürmer aller Zeiten, die immer auch sehr gewalttätig waren, haben sich nie damit begnügt, eine steile spirituelle Wahrheit, die sie als richtig erkannt hatten, zu predigen. Da musste alles verschwinden, was dieser Wahrheit nicht ganz zu entsprechen schien: die Bilder, die Symbole, die heiligen Zeichen, die volkstümlichen Lieder, das religiöse Brauchtum, die christliche Sitte. Klepper waren derartige Gewaltsamkeiten ganz fremd und fern. Er hat auch das weihnachtliche Brauchtum sehr geliebt. Er hat es keineswegs etwa nur kopfschüttelnd toleriert, nein, im Gegenteil, seine Art, Weihnachten zu feiern, wie er sein Haus in dieser Zeit zu einem Weihnachtshaus zu machen pflegte, zeigt, wie wichtig, wie lieb ihm dies alles seit Kindertagen war. In den Tagebüchern gibt Klepper in jedem Jahr neu eine Schilderung dieser Seite seines Weihnachtsfestes. Wenigstens ein Beispiel mag als Illustration dienen:

„Der Festschmuck des Hauses: Tannenzweig mit Lametta über dem Spiegel in der Diele; auf deren Treppenfenstern zwei Fayencekrüge mit Tanne. An dem Mauervorsprung über der Treppe ein gewaltiger Tannenzweig mit Lametta, wie ein festliches Tor. Auf dem großen oberen Dielenfenster rote Leuchter, Heiligenfigur mit Kerze. Auf dem Empireschrank der oberen Diele große Tonvase mit weicher, dunkler Tanne. Der helle Vorhang mit den alten bunten Mustern in der unteren Diele stimmt gar so schön dazu. Im Renaissancezimmer drunten großer Tannenzweig mit Lametta über dem Madonnenbild. Vor der Madonnenplastik vier goldene Sterne mit gelben Wachslichtern. Im Barock-Weihnachtszimmer nur der Christbaum, der Engel, die Hirten: Pracht, die keiner Zutat bedarf. Auch die sizilianischen Engel in Diele und Weihnachtszimmer halten kleine Lichter. Es ist das vollkommenste Weihnachtshaus, das ich je sah…" (23. Dezember 1937, Seite 533).

Klepper hat sich oft Gedanken darüber gemacht, wie sich das Weihnachtsfest volkstümlicher Sitte zu dem viel tieferen Weihnachten des Glaubens verhält. Hören wir auch hier, was der Dichter selbst auf diese Frage antwortet:

„Die Sphäre der Sitte und des Glaubens stehen nicht gegeneinander; das Fest des Glaubens duldet auch das andere; die tiefere, schwerere, festere Schicht des Glaubens trägt auch die zartere, leichtere. Die Sitte ohne den Glauben ist ja doch eine Kerze, die nicht angezündet ist. Das Fest der Sitte appelliert an die Vergebung. Das des Glaubens besitzt sie; das drückt alle Nähe und Unterscheidung der beiden Feste aus" („Tagebücher", 24. Dezember 1933, Seite 133).

Kleppers Lied entstand in einer für ihn besonders bitteren Zeit, im Dezember 1937. Aus der Reichsschrifttumskammer war er ausgeschlossen; eine Sondergenehmigung erlaubte ihm zwar ein weiteres Publizieren, aber alles, was zum Druck vorgesehen war, musste der Kammer vorgelegt werden, die darüber befand, was dem deutschen Volke zumutbar schien und was nicht. Wir würden Klepper jedoch gründlich missverstehen, wenn wir die Dissonanzen in seinem Weihnachtslied biographisch interpretieren wollten. Natürlich steckt in diesem Lied wie in jedem seiner Werke auch seine ganze Persönlichkeit und Geschichte. Das Lied trägt unverkennbar Kleppers Handschrift. Aber die „Bitterkeit", von der die fünfte Strophe spricht, meint nicht persönliche Frustrationen und schon gar nicht das Lebensgefühl eines depressiven Charakters. Nein, hier geht es um eine Bitternis, vor der kein aufrichtiger Mensch die Augen verschließen kann: dass auch all unser guter Wille uns nicht davon erlöst, dass wir selbst „in unseren besten Werken“ immer etwas schuldig bleiben, dass es immer Menschen geben wird, die unter uns leiden. Aber Kleppers Lied ist nicht hoffnungslos. Es blickt weit hinaus auf die Ewigkeit, auf den Tag, da wir „dich von Angesichte sehn“ – dann erst, dann aber auch wirklich und endgültig , ist unser Herz von aller Bitterkeit erlöst, und unser Singen von keiner Herzensenge mehr getrübt.

Mein Gott, dein hohes Fest des Lichtes

Und es waren Hirten in derselben Gegend auf dem Felde bei den Hürden, die hüteten des Nachts ihre Herde. Und siehe, des Herrn Engel trat zu ihnen, und die Klarheit des Herrn leuchtete um sie; und sie fürchteten sich sehr.

Und der Engel sprach zu ihnen: Fürchtet euch nicht! Siehe, ich verkündige euch große Freude, die allem Volk widerfahren wird; denn euch ist heute der Heiland geboren, welcher ist Christus, der Herr, in der Stadt Davids.

Lukas 2,8-11

Mein Gott, dein hohes Fest des Lichtes
hat stets die Leidenden gemeint.
Und wer die Schrecken des Gerichtes
nicht als der Schuldigste beweint,
dem blieb dein Stern noch tiefverhüllt
und deine Weihnacht unerfüllt.

Die ersten Zeugen, die du suchtest,
erschienen aller Hoffnung bar.
Voll Angst, als ob du ihnen fluchtest,
und elend war die Hirtenschar.
Den Ärmsten auf verlassenem Feld
gabst du die Botschaft an die Welt.

Die Feier ward zu bunt und heiter,
mit der die Welt dein Fest begeht.
Mach uns doch für die Nacht bereiter,
in der dein Stern am Himmel steht.
Und über deiner Krippe schon
zeig uns dein Kreuz, du Menschensohn.

> Herr, dass wir dich so nennen können,
> präg unseren Herzen heißer ein.
> Wenn unsere Feste jäh zerrönnen,
> muss jeder Tag noch Christtag sein.
> Wir preisen dich in Schmerz, Schuld, Not
> und loben dich bei Wein und Brot.

Die Überschrift über dieses Lied im „Kyrie" lautet: „Abendmahlslied zu Weihnachten". Der Text lässt zunächst mit keinem Wort an das Heilige Abendmahl denken. Erst die allerletzte Zeile ist es, die die Überschrift erklärt und rechtfertigt:

> Wir preisen dich in Schmerz, Schuld, Not
> und loben dich bei Wein und Brot.

Die Überschrift klingt für einen evangelischen Christen vielleicht etwas befremdlich. Evangelische Abendmahlsfrömmigkeit verbindet den Gang zum „Tisch des Herrn" viel eher mit Karfreitag oder mit dem Buß- und Bettag. Klepper dagegen liebte es, gerade am ersten Weihnachtsfeiertag das Heilige Mahl zu empfangen. Nach dem Weihnachtsgottesdienst am 1. Feiertag des Jahres 1937 notiert er im Tagebuch: „Allein mit einer alten Frau zum Abendmahl: dass diese größte Gabe zur Weihnacht noch so verschmäht bleibt – in so ernster Zeit!" (Seite 535)

Klepper hat seinem Lied Worte aus dem Weihnachtevangelium vorangestellt: die Botschaft des Engels an die Hirten (Lukas 2,8-11). Dabei stehen diese ersten Zeugen der Weihnachtsbotschaft stellvertretend für das große Heer der Leidenden, der Hoffnungslosen, der Elenden, der Ärmsten, der von Angst geplagten, derer, die sich vor Gott schuldig wissen. Typisch für Klepper ist, wie sich auch hier „Menschenleid und -schuld" miteinander verbinden und verschränken. Die kleine Aufzählung aber, in der ich eben die verschiedenen Worte zusammengestellt habe, mit denen der Dichter die Hirten charakterisiert, erinnert an die Seligpreisungen, in denen ja auch in einer höchst paradoxen Weise ausgerechnet diejenigen, die wir sonst eher wegen ihres Elends bedauern, glücklich und selig gepriesen werden.

Auch in diesem Lied hat ein kleines, leicht zu übersehendes Wort größtes Gewicht: das Wörtchen „dein“ im Zusammenhang mit dem Weihnachtsfest. „Mein Gott, *dein* hohes Fest des Lichtes“ heißt es gleich in der ersten Strophe. Und in der dritten Strophe sagt der Dichter erneut: „dein Fest“. Weihnachten ist Gottes Weihnacht! Dies Insistieren auf Gott als dem Schöpfer, Geber und Herrn des Festes erinnert daran, wie der Sabbath für Israel immer der „Sabbath des Herrn“ ist, nicht eine menschliche Erfindung, sondern göttliche Setzung. Als solche aber steht das „hohe Fest des Lichtes“ in schroffem Gegensatz zu „unseren Festen“, von denen dann in der letzten Strophe die Rede ist. Kleppers Worte haben etwas Prophetisches an sich. Ist nicht das Weihnachten, das die Welt heute feiert, noch mehr als zu Kleppers Zeiten ein okkupiertes Fest, ein Fest, das die Menschen an sich gerissen haben, das sie Gott entrissen haben und – wie sollte es auch anders sein – dabei hoffnungslos verunstaltet und verpfuscht haben?

Um so wichtiger ist es, sich von Kleppers Lied zeigen zu lassen, was das Gottesfest eigentlich meint, oder, noch angemessener gefragt, wem es eigentlich und zuerst gilt. Es sind die Hirten auf den Weideplätzen von Bethlehem. Und sie empfangen – nicht warme Decken, nicht eine warme Mahlzeit, nicht ein politisches Programm, das für ihre Rechte eintritt, sondern eine Botschaft, die Botschaft von der Zeitenwende, die die Weltgeschichte in eine Zeit „vor Christi Geburt“ und „nach Christi Geburt“ teilt. Dabei sollte es keine Frage sein, dass warme Decken, warme Mahlzeiten und strukturverändernde Programme oft bitter notwendig sind. Alles andere wäre Zynismus. Aber ein Mensch, der nur noch als Objekt notwendiger caritativer Maßnahmen erscheint, ist allemal ein armer, seiner Würde beraubter Mensch. Darum ist es so wichtig, dass es zu Weihnachten nicht darum geht, dass die Armen von der Mildtätigkeit der Reichen abhängen. Viel mehr sind wir Reiche angewiesen auf die Botschaft der Ärmsten, denn ihnen zuerst hat Gott durch den Mund des Engels sein Geheimnis offenbart.

Aber – so möchte der neuzeitliche Christ wohl fragend einwenden – warum muss nun schon wieder von den „Schrecken des Gerichtes“ (1,3) die Rede sein? Warum sollen wir uns schon wieder schuldig wissen, ja, wie es uns Klepper in superlativischer Zuspitzung in den Mund legt, uns als die „Schuldigsten“ wissen? Warum ist wieder nur von unseren Schwächen die Rede? Und das ausgerechnet zu Weihnachten! „O Freunde, nicht diese Töne!“ möchte wohl mancher mit den Worten aus Beethovens neunter Symphonie sagen. Vor allem der Nationalsozialist wird sich solche Töne verbitten und darauf bestehen, dass doch besser von den Stärken des Menschen die Rede sein sollte, vor allem des deutschen Menschen, von seinem guten Willen, seiner Kreativität, seiner Energie, seiner Einsatzbereitschaft, seinem Heldentum. Das europäische Christentum unserer Tage hat das Reden von Gottes Gericht über unser erbarmungswürdiges Schuldigsein weitgehend aus Kirchen und Schulen, aus Akademien und Hauskreisen verbannt.

Aber der Preis ist teuer. Wenn Gott nicht mehr Richter ist, hat das unermessliche Heer derer, die auf dieser Erde zu Unrecht verurteilt werden, keine Hoffnung mehr. Und in die Lücke, die durch die Ausmerzung des Richter-Gottes entstanden ist, sind überall die Menschen eingetreten, die sich die Richter-Autorität angemaßt haben und nun über alle und alles ihr unbarmherziges Urteil fällen. Unser Leben aber, wenn wir es nicht mehr vor einer letzten unbestechlichen Instanz zu verantworten haben, wird unweigerlich langweilig und banal, ein Spiel, bei dem nichts mehr auf dem Spiel steht. Banal und nichtssagend sind nun auch unsere Feste, auch Weihnachten.

Apokalyptisch klingt, was Klepper schließlich von „unseren Festen“ sagt: Was ist, wenn sie vielleicht „jäh zerrönnen“? Schon zu Weihnachten 1936 vertraute Klepper seinem Tagebuch an: „Denn das ist nun dem Herzen eingehämmert: dass die Bilder und Zeichen des Festes vielleicht sehr bald hingegeben werden müssen. So verloren wirkt die Welt zu dieser heiligen Zeit.“ (Seite 409) Kleppers prophetische Ahnung sollte sich bald erfüllen: Es kamen die Kriegs- und Nachkriegsjahre, da waren auch zu Weihnachten die Schaufenster leer; da wurden Kerzen rationiert und bald gab es sie überhaupt nicht mehr; für Lichterketten gab es keinen Strom, und die allnächtlichen Fliegerangriffe zwangen auch den Leichtsinnigsten zu sorgfältiger Beachtung der Verdunklungs-Verordnungen. Da gab es weder Weihnachtsgans noch Weihnachtskonzert. In unseren Tagen aber erfüllt sich Kleppers Wort ein zweites Mal, da „unsere Feste" in Inhaltsarmut und Bedeutungslosigkeit zerrinnen.

Aber nicht die fragwürdige Lust an düsteren Zeitanalysen führt dem Dichter die Feder. Er möchte unseren Blick frei machen für das eigentliche Weihnachtsfest, für das ganz andere Weihnachten, das Weihnachten Gottes. Und so steht dem traurigen Zerfall ein Fest gegenüber, das keine Spuren von Vergänglichkeit und Verfall an sich trägt. Es endet auch nicht mit der im Kalender ausgewiesenen Weihnachtszeit. Vielmehr macht dieses Fest jeden Erdentag zum „Christtag", zum Tag Christi. Der große Kirchenvater Athanasius hat den schönen Satz geprägt: „Der auferstandene Christus hat jeden Tag zu einem Festtag gemacht." In ähnlicher Weise spricht Klepper von der Menschwerdung Gottes. Wer sie glaubt, erfährt jeden Erdentag als Christtag – und dies, ohne dass das Besondere des Weihnachtsfestes verloren ginge! Darum ist Klepper auch das Wort „Menschensohn" (3,6) so wichtig. Diese Selbstbezeichnung Jesu in den Evangelien ist für ihn nicht ein „christologischer Hoheitstitel", dessen Traditionsgeschichte und historische Bedeutung nur den Fachgelehrten zugängig ist, sondern der einfache, klare Ausweis der Menschenfreundlichkeit Gottes, die in Jesus leibhaftig unter uns erschienen ist.

Aber wer so Weihnachten feiern möchte, müsste schon in Kleppers Gebet einstimmen:

> Mach uns doch für die Nacht bereiter,
> da hoch dein Stern am Himmel steht.
> Und über deiner Krippe schon
> zeig uns dein Kreuz, du Menschensohn.

Hier finden wir es wieder, dieses eigentümliche „Lieblingswort" Kleppers, das Wort Nacht. Dass die Hirten von Bethlehem ihre Herden des Nachts hüteten und dass der Engel zu nächtlicher Stunde zu ihnen spricht, ist nicht eine eigentlich entbehrliche Zeitangabe. Gott liebt unsere Nächte, und wenn etwas vom Glanz seines Lichtes in unser armes Leben fällt, dann ist die Dunkelheit der Hintergrund, den er für seinen Glanz sucht.

Aber das ist das Fatale jeder üppigen Weihnachtsbeleuchtung: sie überstrahlt das vergleichsweise kleine, unscheinbare Licht, das im biblischen Bericht „die Klarheit des Herrn" heißt. Wieder ist da ein klitzekleines Wort in Kleppers Text, das Beachtung verlangt, das Wörtchen „zu":

> Die Feier ward zu bunt und heiter,
> mit der die Welt dein Fest begeht.

Das gibt es also: zu bunt, zu heiter, zu hell, zu grell, zu reich, zu stark, zu klug, zu geistreich, zu genau, zu gut – mit einem Wort: zu viel. Da aber, wo Menschen dem Betrug des „zu bunt und heiter" auf irgendeine Weise entkommen sind, mag es geschehen, dass ihnen in ihrer Nacht der Stern Gottes erscheint, und nun fängt Weihnachten erst richtig an.

Ja, ich will euch tragen

EG 380

Ja, ich will euch tragen bis ins Alter und bis ihr grau werdet. Ich will es tun, ich will heben und tragen und erretten.

Gedenket der vorigen Zeiten bis daher und betrachtet, was er getan hat an den alten Vätern.

Jesaja 46,4; 5. Mose 32,7

Ja, ich will euch tragen
bis zum Alter hin.
Und ihr sollt einst sagen,
dass ich gnädig bin.

Ihr sollt nicht ergrauen,
ohne dass ich's weiß,
müsst dem Vater trauen,
Kinder sein als Greis.

Ist mein Wort gegeben,
will ich es auch tun,
will euch milde heben,
ihr dürft stille ruhn.

Stets will ich euch tragen
recht nach Retterart.
Wer sah mich versagen,
wo gebetet ward?

Denkt der vorigen Zeiten,
wie der Väter Schar
voller Huld zu leiten
ich am Werke war.

Denkt der früheren Jahre,
wie auf eurem Pfad
euch das Wunderbare
immer noch genaht.

> Lasst nun euer Fragen.
> Hilfe ist genug.
> Ja, ich will euch tragen,
> wie ich immer trug.

Jochen Klepper hat diesem Lied die Überschrift „Silvesterlied“ gegeben. In mehr als nur einer Hinsicht ist es ein ganz besonderes Lied. Zunächst einmal ist festzustellen, dass unser Gesangbuch sonst eigentlich kaum ein spezifisches Silvesterlied enthält. Die Lieder zur Jahreswende sind eher auf den Beginn des neuen Jahres ausgerichtet als auf das Zuendegehen des alten. Nur mit Bonhoeffers „Von guten Mächten“ bietet sich ein Vergleich an. Aber unser Lied hat neben der liturgischen Bestimmung zum Silvester noch einen ganz anderen Charakter: Es ist ein Lied vom Altwerden und Altsein, und auch darin ist es in unseren Gesangbüchern eigentlich ohne Parallele. Das verdient in unserer Zeit, in der die Zahl der alten Menschen in der Bevölkerung gewaltig zugenommen hat, besondere Aufmerksamkeit. Schließlich ist darauf zu achten, dass Kleppers Silvesterlied – den vorgegebenen Bibelworten folgend – vom Anfang bis zum Ende eine Gottesrede ist. Wenn wir das Lied singen oder beten, redet Gott selbst uns an und tröstet uns mit seinen Verheißungen.

Das Lied ist außerordentlich fein und filigran gestaltet. Die einzelnen Strophen sind denkbar kurz und prägnant: vier Zeilen zu je sechs beziehungsweise fünf Silben, der Reim in verschränkter Form a b a b. Das Versmaß ist der sonst eher seltene Trochäus, ein schwerer, würdevoller Rhythmus, bei dem jede Verszeile mit einer betonten Silbe beginnt. Auf diese Weise bekommt das einleitende „Ja“ des Prophetenwortes (Jesaja 46,4) das ihm gemäße Gewicht. Im Aufbau ist das Lied auf das Schlüsselwort „tragen“ hin strukturiert. Es begegnet dreimal: in der ersten, in der mittleren und in der letzten Strophe. In den ersten drei Strophen wird das, was Gott von den Menschen erwartet, mit Hilfsverben eingeführt: „ihr sollt“ (1,3 und 2,1), „müsst“ (2,3) und „ihr dürft“ (3,4), womit eine ganz feine Steigerung angezeigt wird. Die drei letzten Strophen dagegen werben in Befehlsform um unsere

Zustimmung. Zwei Strophen, die fünfte und sechste, sind durch das gleiche Anfangswort „denkt" miteinander verklammert.

Klepper hat seinem Lied zwei Bibelworte aus zwei unterschiedlichen alttestamentlichen Büchern vorangestellt: Die den ersten Teil des Liedes beherrschende Verheißung legt das Prophetenwort Jesaja 46,4 aus. Sie wird in der Schlussstrophe noch einmal aufgenommen. Die fünfte und sechste Strophe mit der Aufforderung „denkt..." bezieht sich auf ein Wort aus dem sogenannten Moselied, 5. Mose 32,7.

Wer sich das Lied zu eigen machen möchte, tut gut, sich zunächst auf das Wort „tragen" zu konzentrieren. Wie anders klingt es als die heute eher populäre Umschreibung des Glaubens als eines mutigen Sprungs oder als eines vertrauensvollen Sich-fallen-lassens, wobei das Letztere ja auch eine beliebte Übung bei Tagungen und Kursen ist. Aber der mutige Sprung in die Tiefe ist in der Heiligen Schrift nicht zufällig ein Schauwunder, zu dem der Satan den Gottessohn überreden möchte. Und: kein Mensch fällt gerne. Fallen, auch sich fallen lassen, ist kein gutes, kein biblisch begründetes Bild für das Vertrauen, das Gott von seinen Kindern erwartet.

Aber: sich tragen lassen, wie eine Mutter oder ein Vater ein Kind trägt. Wir können auch an den Boden denken, der uns trägt, an Stuhl und Bett und Sofa. Wir kennen die Tragkraft des Wassers, die uns beim Schwimmen trägt. Mancher möchte sagen: Nichts leichter als das! Ist es wirklich so – nichts leichter als das? Ist die Übung, um die es hier geht, tatsächlich so simpel, dass wir sie als „kinderleicht", als viel zu einfach zurückweisen dürften? Und wenn es wirklich eine kinderleichte Übung wäre, dann wäre sie ja vielleicht dem Wort Jesu nahe, das uns bittet, das Reich Gottes wie ein Kind zu empfangen!

Wer sein eigenes Liegen jemals aufmerksam wahrgenommen hat – beispielsweise in einer eutonischen Übung – der kennt die schmerzliche Erfahrung, wie sehr wir uns normalerweise ständig festhalten. Selbst dann, wenn wir uns eigentlich auf unserem Teppichboden behaglich ausstrecken könnten, wollen wir eines doch nicht gerne lassen, das Ideal, das uns sagt, dass wir uns selbst im Griff haben müssen. So fremd es zunächst erscheinen mag, aber die schlichte Übung des Liegens ist eine Übung des Lassens, und Gelassenheit ist nicht jedermanns Ding. Das gilt sogar für die Gläubigen. Sich einlassen – sich niederlassen – sich der tragenden Kraft überlassen – sich auf die Zuverlässigkeit des Bodens verlassen – mit dieser Übung haben wir bis ans Ende unseres Lebens immer neu zu tun. Dabei werden wir merken, dass gerade wir Verantwortungsbewussten, wir Hilfsbereiten es schwer haben, dass wir es uns schwer machen, weil wir uns auf das Helfen besser verstehen als auf das Sich-helfen-lassen, und dass auch wir Evangelischen, ja, auch wir Lutheraner, die wir theologisch von einer Kooperation von Gott und Mensch gar nichts halten, in der Praxis doch immer auf Kooperation setzen und uns schwer tun mit einer Lebenshaltung, bei der unsere gutgemeinten Hilfsangebote nur stören.

Aber vielleicht hilft uns eine kleine Überlegung weiter. Wir kennen die bittere Erfahrung, dass ein Mensch sich selbst zur Last werden kann. Gerade der ehrliche, der aufrichtige Mensch kennt dies Gefühl, und je älter einer wird, desto schwerer wird diese Last. Aber wenn jemand irgendwann unter dieser Last zusammenzubrechen droht, dann ist er vielleicht erst richtig reif für das Gotteswort, das ihm sagt: Ich will dich tragen! Und wir hören dies Lied gerade auch im Blick auf unser Alter, wohl wissend, dass in aller Regel das Alter der schwierigste Teil unserer Erdenwanderung ist. Und wenn ich mich selber nicht mehr ertragen kann, dann ist es wirklich Evangelium, wenn jemand kommt, der das kann, was ich schon lange nicht mehr kann, und zu dem bereit ist, was ich mir aus guten Gründen nicht zutraue.

Um unser Vertrauen wirbt auch die zweimalige Aufforderung zum Rückblick in den Strophen fünf und sechs. Für den Dichter war diese Art der Vergewisserung immer außerordentlich wichtig. „Auf jeden Blick voraus einen zurück!“ schreibt Klepper in sein Tagebuch (Seite 663) und bezeichnet diesen Satz als „seine eiserne Lehre“. Wir haben doch eine Geschichte mit Gott, die nicht erst jetzt anfängt, sondern weit zurückreicht, zu den Vätern und Müttern, und diese Geschichte ist reich an Erfahrungen göttlicher Hilfe. Wie oft ist uns auf dem Weg, den wir bereits gewandert sind, „das Wunderbare“ begegnet! Liedausgaben wie „Das Junge Lied“ und das „Wachet auf“ hielten es für nötig, das neutrische „das Wunderbare“ durch das persönliche „der Wunderbare“ zu ersetzen. Aber das ist theologische Beckmesserei. Ist es nicht wirklich eine Stärkung für unser Vertrauen, wenn wir uns vergegenwärtigen, wie viel Wunderbares uns schon begegnet ist? Das Wunderbare, das Unverhoffte, das Unerwartete, das Überraschende, das, womit wir partout nicht gerechnet haben, das, was uns in unserem stolzen Realismus, mit dem wir über „möglich“ und „unmöglich“ zu verfügen meinen, beschämt hat. Vergiss es nicht, was Er dir Gutes getan hat! Diese biblische Aufforderung ist es, die der Dichter in dem doppelten „denkt“ aufnimmt.

Am Ende des Liedes steht noch eine andere einfache Aufforderung: Lasst nun euer Fragen. Gemeint sind wohl die trotzigen, skeptischen Fragen, wie wir sie etwa in der Abrahamsgeschichte lesen, als der Erzvater auf Gottes Verheißung zunächst einmal patzig antwortet: „Mein Gott, was kannst du mir schon geben?“ (1. Mose 15,2). Oder wir denken an Marias erste Reaktion auf die Botschaft des Engels: „Wie kann das angehen?“ (Lukas 1,34). Diese Fragen sollen schweigen – und, o Wunder, dies Verstummen ist es, das die Bibel Glauben nennt! Glaube ist die Bereitschaft, ein Gotteswort einfach einmal stehen zu lassen, der Verzicht auf mein angemaßtes Recht, immer das letzte Wort haben zu müssen.

Allerdings hat Kleppers Lied auch einen Stachel. Ich sehe ihn in der Mitte des Liedes, in der herausfordernden rhetorischen Frage:

> Wer sah mich versagen,
> wo gebetet ward?

Haben wir den Mut, uns dieser Frage zu stellen? Lasse ich sie, wie es sich ja eigentlich für eine rhetorische Frage geziemt, als ein starkes, nicht zu hinterfragendes Glaubenszeugnis in mich eingehen? Rhetorische Fragen sind eigentlich überstarke Aussagen. Sie formulieren das Selbstverständliche, von niemandem zu Bezweifelnde. Aber sind da vielleicht Erfahrungen in meinem Leben, die dem starken Wort ganz brutal widersprechen? Manchmal war ich versucht, den Stachel umzubiegen oder gar abzubrechen. Aber selbst wenn mir das für einen Augenblick gelingen sollte – der Stachel wächst nach.

Im ganzen aber ist das Lied ein wunderbares Medikament gegen die Angst, eine Stärkung dessen in uns, was wir nötiger als alles andere brauchen: Vertrauen, dass das Leben mich nicht fallen lassen wird.

Der du die Zeit in Händen hast

EG 64

Deine Jahre währen für und für. Du hast vormals die Erde gegründet, und die Himmel sind deiner Hände Werk. Sie werden vergehen, aber du bleibst. Sie werden alle veralten wie ein Gewand; sie werden verwandelt wie ein Kleid, wenn du sie verwandeln wirst. Du aber bleibest, wie du bist, und deine Jahre nehmen kein Ende.

nach Psalm 102, 25ff.

Der du die Zeit in Händen hast,
Herr, nimm auch dieses Jahres Last
und wandele sie in Segen.
Nun von dir selbst in Jesu Christ
die Mitte fest gewiesen ist,
führ uns dem Ziel entgegen.

Da alles, was der Mensch beginnt,
vor seinen Augen noch zerrinnt,
sei du selbst der Vollender!
Die Jahre, die du uns geschenkt,
wenn deine Güte uns nicht lenkt,
veralten wie Gewänder.

Wer ist hier, der vor dir besteht?
Der Mensch, sein Tag, sein Werk vergeht:
Nur du allein wirst bleiben.
Nur Gottes Jahr währt für und für,
drum kehre jeden Tag zu dir,
weil wir im Winde treiben.

Der Mensch ahnt nichts von seiner Frist.
Du aber bleibest, der du bist,
in Jahren ohne Ende.
Wir fahren hin durch deinen Zorn,
und doch strömt deiner Gnade Born
in unsere leeren Hände.

Und diese Gaben, Herr, allein
lass Wert und Maß der Tage sein,
die wir in Schuld verbringen.
Nach ihnen sei die Zeit gezählt;
Was wir versäumt, was wir gefehlt,
darf nicht mehr vor dich dringen.

Der du allein der Ewige heißt
und Anfang, Ziel und Mitte weißt
im Fluge unserer Zeiten:
bleib du uns gnädig zugewandt
und führe uns an deiner Hand,
damit wir sicher schreiten!

Das Lied trägt im „Kyrie" die Überschrift „Neujahrslied". Entstanden ist es im Oktober 1937. Zum ersten Mal gedruckt wurde es in der Neujahrsausgabe der „Deutschen Allgemeinen Zeitung" am 1. Januar 1938. Das kostete die Herausgeber einigen Mut, denn Kleppers Lied entsprach wahrhaftig nicht der Stimmung, die zumindest das nationalsozialistische Deutschland damals erfüllte.

Die Kirche hat sich mit dem Neujahrstag immer etwas schwer getan. Zu allen Zeiten waren Silvester und Neujahr Einfallstor heidnischer Stimmungen und heidnischer Bräuche. Man braucht nur daran zu denken, in wie vielen nichtchristlichen Religionen der Neujahrstag das wichtigste Fest im Jahreskreis ist, mit dem sich – je nach der Jahreszeit, in der man den Neujahrstag beging – die winterliche Sonnenwende, die Aussaat im Frühling oder die Obst- und Weinernte im Herbst verband. Dem christlichen Neujahrstag aber fehlt im Unterschied zu allen anderen kirchlichen Hochfesten der Bezug zu dem, was wir mit einem theologischen Fachwort die Heilsgeschichte nennen, die Geschichte der Erlösung des Menschengeschlechts durch die Menschwerdung Gottes in Jesus Christus. Zwar verbindet sich der 1. Januar mit dem Gedenken der Beschneidung und Namensgebung Jesu, aber ein volkstümliches Fest mit einem tragenden Inhalt ist dieses Gedenken niemals gewesen.

Wir kennen den Neujahrstag als ausgelassenes Feiern des Übergangs von einem zum anderen Jahr. Ein neuer Kalender mit blütenweißen, mit unbeschriebenen und unbefleckten Blättern scheint den Anbruch einer neuen Zeit zu verheißen. Neujahrsansprachen verbinden Ernst und Optimismus und verordnen von höchster Stelle Zuversicht, Tatkraft, Fleiß und Einsatz für die Anliegen der Nation oder des Staatenbundes, dem man angehört, wobei ein kritischer Zweifel an der Rechtmäßigkeit der ins Auge gefassten Ziele natürlich als unzulässig gilt. Unrecht haben die anderen, die Bösen, nicht wir. Immer und überall wird die Illusion genährt, dass das neue Jahr, die Zeit, ein leeres, ein geldwertes Etwas ist, das wir nach unserem Gutdünken füllen können und müssen.

Kleppers Lied ist auf einen ganz anderen Ton gestimmt als solche Reden und Erwartungen. Es ist von der ersten bis zur letzten Zeile ein Angriff auf die Selbstherrlichkeit des Menschen. Dabei sind es vor allem Psalmworte, die den Dichter bestimmen. Neben dem „offiziellen" Leittext aus dem 102. Psalm (Vers 25b-28) begegnen uns Worte aus Psalm 31 (Die Eingangszeile: „Der du die Zeit in Händen hast"), aus Psalm 90 („Wir fahren hin durch deinen Zorn", 4,4, und „im Fluge unserer Zeiten", 6,3), sowie aus Psalm 130 („Wer ist hier, der vor dir besteht?", 3,1).

Bemerkenswert ist die feine Architektur des Liedes. Die erste und die letzte Strophe bilden so etwas wie einen Rahmen, wobei am Anfang jeweils eine mit „der du..." eingeführte Gottesprädikation steht. Aber auch die Schlusszeilen der ersten und der letzten Strophe ähneln einander: in beiden ist von Gottes Führung durch die Zeit die Rede. Dabei ist allerdings zu bedenken, dass der Schluss des Liedes ursprünglich anders lautete:

> Lass – sind die Tage auch verkürzt,
> wie wenn ein Stein in Tiefen stürzt –
> uns dir nur nicht entgleiten!

Diese Textfassung war noch stärker an Psalm 102 (Vers 24) angelehnt. Dichterisch wie theologisch ist sie provozierender und weit weniger eingängig als die Fassung, die Klepper dem

Schluss später gegeben hat. Eine Entsprechung zwischen der ersten und der letzten Strophe ist auch darin gegeben, dass die erste Strophe in ihren Schlusszeilen von der „Mitte" und vom „Ziel" der Zeit spricht, während am Anfang der sechsten Strophe von „Anfang, Ziel und Mitte" die Rede ist.

Kleppers Neujahrslied ist von starken Gegensätzen durchzogen. Da ist zunächst das Gegenüber von Gott und Mensch. Die zweite, dritte und vierte Strophe beginnen mit einer Aussage über den Menschen, der dann jeweils das göttliche „du" gegenübergestellt ist. Jedesmal tritt zu dem „du" ein Wort, das den Gegensatz hervorhebt: du selbst, du allein, du aber. Dabei geht es vor allem um die Tatsache, dass unser menschliches Dasein befristet ist, während Gottes Zeit ewig währt. Eindrückliche Bilder, die der Dichter aus den Psalmen schöpft, veranschaulichen die Vergänglichkeit des Menschen: Unser Tun hat keinen Bestand, es zerrinnt vor unseren Augen (2,1-2); unsere Jahre veralten wie Gewänder (2,4-6); wir treiben umher wie Blätter, die der Wind aufwirbelt (3,6); wir fahren dahin, d.h. entsprechend einer alten Bedeutung des Wortes, wir verschwinden, wir vergehen (4,4); unsere Zeiten vergehen wie im Flug (6,3). Dem steht auf Gottes Seite das „bleiben" gegenüber (3,3; 4,2).

Wir würden Klepper jedoch missverstehen, wenn wir in seinem Lied nur die verbreitete Klage über die Endlichkeit und Vergänglichkeit unseres menschlichen Lebens hören würden. „Zeit" ist bei Klepper nie so etwas wie eine inhaltslose Linie, ein Strich in der zeitlichen Dimension, die dann nach Stunden, Tagen und Jahren unterteilt und gemessen wird, nicht anders, als wenn wir Entfernungen im Raum in Metern messen. „Tag und Werk" stehen beieinander (3,2), das Werk aber ist nicht stolze Leistung, deren wir uns vor Gott und Menschen rühmen können, sondern ein Fragment ohne Konturen; immer bleiben wir etwas schuldig, stets sind Versäumnis und Verfehlung die Signatur unseres Tuns. Unsere Hände sind leer, Bettlerhände, wir haben nichts zu bieten, und wenn wir hundert Jahre alt werden. Kein Mensch kann vor Gott bestehen – bestehen in des Wortes doppeltem Sinn: unser Werk hat keinen Bestand, und dass wir die Prüfung vor Gottes unbestechlichen Augen bestehen, ist nicht zu erwarten.

Aber auch hier steht auf der anderen Seite Gott mit seinem Tun. Dabei begegnet uns ein weiterer Gegensatz, ein Gegensatz, der in Gott selbst liegt. Da ist auf der einen Seite der Zorn Gottes, der uns dahinfahren lässt, und auf der anderen Seite der Gnadenbrunnen, der Born der göttlichen Güte und Gnade, der unsere leeren Hände immer wieder füllt. Nicht beziehungslos stehen Zorn und Güte nebeneinander. Das Wort der Güte ist Gottes letztes Wort über uns. Mit einem trotzigen „und doch" tritt dies Wort dem Zorn entgegen, fällt es ihm gleichsam ins Wort, und aus der „Last" des beginnenden Jahres, aus allem, was unser Leben oft unerträglich schwer macht, wird ein Segen.

Damit aber bekommt unsere begrenzte Zeit eine neue, wunderbare Qualität. Der quellende, strömende Gnadenbrunnen entscheidet über den Wert der Tage, und eine neue Zeitrechnung beginnt. Nun gelten nicht mehr die Daten, nach denen Menschen in ihrer Vermessenheit Tage und Jahre zählen. Jedes Jahr, das Gott mir schenkt, entspringt dem unerschöpflichen Brunnen seiner Gnade, ist also ein „Gnadenjahr des Herrn", wie es Jesus in der Synagoge von Nazareth verkündet (Lukas 4,19). Und feste Konturen bekommt die sonst haltlos verrinnende Zeit: Gott selbst hat ihr in seinem Sohn Anfang, Ziel und Mitte gesetzt. Symbol der Zeit ist jetzt nicht mehr die Sanduhr, sondern der Brunnen, dessen Wasser unseren Durst löscht.

Des Menschen Teil aber ist das demütige Bittgebet. Kleppers Lied ist durchzogen von Bitten, in denen sich der Mensch nach dem ausstreckt, was nur Gott tun kann: dass Gott unsere Last in Segen verwandeln möchte (1,2-3); dass er uns an die Hand nimmt und ans Ziel der Zeit führt (1,6; 6,5-6); dass er unser notwendigerweise fragmentarisches, unvollkommenes Tun vollendet (2,3); dass er unsere Tage zu sich hinkehrt, damit wir nicht vom Wind der Geschichte davongewirbelt werden (3,5-6); dass die Gaben Gottes uns zum Wertmaßstab für unsere schulderfüllten Tage werden (5,1-3), und schließlich noch einmal die Bitte um Gottes gnädige Zuwendung und Führung (6,4-6).

Den nationalsozialistischen Gutachtern in der Reichsschrifttumskammer mochte Kleppers Neujahrslied überhaupt nicht gefallen. Zwar versagten sie dem Text das Imprimatur nicht – die Genehmigung traf am 30. Dezember 1937 ein, so dass die „Deutsche Allgemeine Zeitung“ das Lied in ihrer Neujahrsausgabe abdrucken konnte – aber die offizielle Stellungnahme zeigt ebensoviel Missbilligung wie Unverständnis. Der Gutachter sagt von Kleppers Text, er sei „eine lyrische Paraphrase über den 102. Psalm und vertritt eine Gesinnung, die absolut jüdisch genannt werden muss. ... Gegen die Frömmigkeit dieses lyrischen Dichters soll gewiss nichts gesagt werden, aber das heutige Deutschland darf bestimmt ein Neujahrslied in einem anderen, positiveren Tone erwarten, der es nicht nötig hat, auf die knechtische Einstellung der Psalmen zurückzugreifen“ (zitiert nach Henkys, Liederkunde Heft 1, Seite 82). Der Rezensent hat es sich sehr einfach gemacht. Dass Kleppers Lied auf dem 102. Psalm beruht, also einen Text aus dem von den Nationalsozialisten als „Judenbuch“ verachteten Alten Testament auslegt, erspart dem Rezensenten eine ernsthafte Auseinandersetzung. Mit dem Wort „knechtische Einstellung“ scheint eine Schublade gefunden, in der sich das Neujahrslied bequem unterbringen lässt. Außerdem vermisst der Gutachter das Positive, das Kleppers Lied tatsächlich zu fehlen scheint – wenn man übersieht, dass es ein positiveres Bild als das des nie versiegenden göttlichen Gnadenquells wohl kaum gibt. Und was das Knechtische anbetrifft: was kostet denn mehr Mut: sich im dichterischen Werk vom Strom nationalsozialistischen Gedankengutes treiben zu lassen oder eine einsame kritische Position zu beziehen? Und sind es nicht gerade die knechtischen Naturen, die es nicht wagen, der Realität von Sterbenmüssen und Schuldigwerden ins Auge zu sehen? Und wird jemand, der sein Volk aufrichtig liebt, nicht mutig protestieren gegen jede Ideologie und jede Politik, die das Volk um die Wahrheit betrügt?

Kleppers Neujahrslied ist ein nüchternes, ein ernüchterndes Lied. Nie wird es den Beifall derer finden, die sich einem Massenrausch hingeben. Aber gerade diese Nüchternheit ist ein Grundzug sowohl der jüdischen Religion, deren Sinn für ekstatische Phänomene auffällig schwach entwickelt ist, wie des christlichen Glaubens, für den Nüchternheit und Wachsamkeit zu den elementaren und unentbehrlichen Tugenden gehören (1. Petrus 5, 8).

Wer Kleppers Neujahrslied liebgewonnen hat, wird es bedauern, dass dieser Text ja eigentlich nur an einem Tag im Jahr „an der Reihe ist". Aber es gibt einen einfachen kleinen Kunstgriff, der das Lied aus einer gar zu strengen Bindung an den Neujahrstag löst. Mich begleitet das Lied durch das ganze Jahr hindurch, und manchmal helfe ich mir, indem ich an Stelle der Worte „dieses Jahres Last" in der Eingangsbitte (1,2) sage oder singe: „dieses Tages Last". Denn nach dem Wort Jesu hat jeder Tag seine eigene Plage (Matthäus 6,34), und so ist immer Anlass zu einem Gebet, das den, der die Zeit in Händen hält, darum bittet, dass er uns das Schwere in Segen verwandelt.

Nun sich das Herz von allem löste

EG 532

Deine Gnade ist mein Trost. Psalm 109,21

Nun sich das Herz von allem löste,
was es an Glück und Gut umschließt,
komm, Tröster, Heiliger Geist, und tröste,
der du aus Gottes Herzen fließt.

Nun sich das Herz in alles findet,
was ihm an Schwerem auferlegt,
komm, Heiland, der uns mild verbindet,
die Wunden heilt, uns trägt und pflegt.

Nun sich das Herz zu dir erhoben
und nur von dir gehalten weiß,
bleib bei uns, Vater. Und zum Loben
wird unser Klagen. Dir sei Preis!

Kleppers „Trostlied am Totensonntag“ ist ein kostbares Juwel oder, wie wir auch sagen können, eine wunderbare Arznei. Aber wir müssen auch gleich hinzufügen: eine Arznei nicht für jede und jeden, und nicht zu jeder Zeit und für jedes Gebrechen; ein Mittel, das vielmehr mit Vorsicht und mit Achtsamkeit zu gebrauchen ist. In falscher Dosierung oder im falschen Augenblick genommen kann es bedenkliche Fehlhaltungen hervorrufen oder in gefährlicher Weise verfestigen.

Es ist eines der letzten Lieder, das Klepper vor seinem Verstummen noch geschrieben hat. Es entstand Ende August 1940 und trägt ursprünglich die Widmung „Meinem Kinde“. Gemeint ist die (Stief-) Tochter Renate, meistens zärtlich „das Renerle“ genannt, damals gerade achtzehn Jahre alt. Unter dem 29. August 1940 schreibt Klepper in sein Tagebuch (Seite 916 f.): „Heute bekam Renerle die Aufforderung, sich mit

Arbeitsbuch und Kennkarte auf dem Arbeitsamt zu melden, am Montag. Das bedrückt uns sehr, denn mehrere Mädchen in Renerles Alter und Lage arbeiten schon zwangsweise hier in der Rüstungsindustrie. – Renerle sagt: ‚Nur einmal das Gefühl haben dürfen, dass es nicht immer noch schwerer kommt'." Nach diesem Eintrag folgt das Lied, dem Klepper später, bei der Aufnahme in die dritte Auflage des „Kyrie" im Jahr 1941 die Überschrift „Trostlied am Totensonntag" gegeben hat. Noch heute aber wird es einen fühlsamen Menschen erschüttern, welch ein tiefernstes Lied der Dichter seiner noch so jungen Tochter damals geschenkt hat.

Überaus kunstvoll ist das kleine Drei-Strophen-Lied gebaut. Leicht zu erkennen ist die trinitarische Struktur: die drei Strophen entsprechen den drei Personen der Heiligen Dreieinigkeit. Auffällig aber ist die absolut ungewöhnliche Reihenfolge: Heiliger Geist – Heiland – Vater. Begründet ist sie darin, dass Klepper ein Trostlied schreibt; der Heilige Geist aber ist nach Jesu Wort im Johannesevangelium (14,16 f.) in besonderer Weise der „Tröster". Mit dem „Tröster" und mit dem „Heiland" verbindet sich die Bitte um das Kommen Gottes, mit dem „Vater" die Bitte um sein Bleiben. Jede Strophe beginnt mit den Worten „Nun sich das Herz ...". Während die ersten beiden Strophen davon sprechen, wie das Herz mit einem schweren, leidvollen Geschick umgeht, ist in der letzten Strophe davon die Rede, wie das Herz sich zu Gott erhebt. So ist das ganze Lied Ausdruck einer Bewegung, die in letzter Konsequenz zu Gott führt.

Aber Kleppers Worte wollen behutsam gelesen sein. Schon die Eingangsformulierung verlangt nach einem einfühlsamen Verstehen. „Nun sich das Herz von allem löste" – es geht also nicht darum, dass wir uns von „Glück und Gut" gewaltsam losreißen. Nicht eine heroische Haltung wird uns abverlangt. Es wird uns überhaupt nichts abverlangt. Eine Erfahrung wird angesprochen, etwas, was manchmal einfach geschieht, dass sich eine Bindung lockert, dass wir nicht mehr kleben an dem, was wir als unser Glück ansehen; diese Lösung aber geschieht auf eine Weise, die nichts zu tun hat mit einer praktikablen Methode. Normalerweise sind wir mit unseren Glücksgütern innigst verwachsen, erwarten von ihnen alles Glück und können uns ein Leben ohne sie nicht vorstellen. Aber das, was uns an diesen Glücksgütern kleben lässt, verliert plötzlich oder auch ganz allmählich seine bindende Kraft.

Auch die Eingangszeile der zweiten Strophe sollte nicht missdeutet werden. „Nun sich das Herz in alles findet" – das meint ja wohl nicht ein träges, resigniertes Sich-abfinden, sondern einen schmerzlichen, oft lange währenden Prozess. Eine besondere Herausforderung ist dabei das Wort „alles", das uns schon am Anfang des Liedes begegnete. Alles – wirklich alles? Es ist gut, wenn wir uns an diesem Wort reiben, wenn wir spüren, wie schwer es uns wird. Vielleicht spüren wir aber auch, dass ein solches Wort von seinem Klang lebt. Man könnte es beim Sprechen mit der ganzen Härte und Kälte einer unerbittlichen Totalitätsforderung aufladen. Dann wird es zu einem unbarmherzigen Wort, an dessen Härte gerade das feine Gewissen zerbrechen muss. Ich kann es aber auch so sprechen, dass ich vielleicht nur zitternd ahne, dass mir die Lösung erst dann gut tun wird, wenn sie vorbehaltlos geschieht.

Schließlich wird es auch bei der Schlussstrophe darauf ankommen, dass ich auf ihren Ton lausche und mich nicht an ihrem Wortlaut vergreife. Das Wort vom Herz, das sich zu Gott erhoben hat, erinnert an den alten liturgischen Ruf „sursum corda!", „Empor die Herzen!" Dieser Ruf aber verdirbt, wenn er als Kommando, als Appell an den Willen vernommen wird. Auch Klepper spricht ja nicht von etwas, was wir zu leisten haben, sondern von einer Entdeckung, von einem Wissen. Wissen meint hier eine Erfahrung des Glaubens, der die Anziehungskraft spürt, die uns aus den Niederungen bitterer Schmerzen um das Verlorene nach oben zieht. In dieser Höhe weiß sich der Glaube von Gott gehalten, so dass wir keinen jähen Absturz befürchten müssen. Dabei verwandelt sich die Klage in einen Lobgesang. Diese Verwandlung aber – noch einmal sei es betont – erscheint nicht als eine Ermahnung, als eine sadistische Forderung, sondern als ein Wunder, das nur Gott tun kann. Es ist eine Folge der Gegenwart Gottes, bewirkt vom „Bleiben des Vaters“, das gerade da so tröstlich ist, wo uns alles das genommen wird, was eigentlich unser Glück ausmachte.

Kleppers Trostlied ist ein Lied des Herzens. Dreimal ist das Herz Subjekt gewichtiger Aussagen. Was meint das Wort „Herz“? Wörterbücher und Kommentare können auf diese Frage viel Gutes, Richtiges sagen. Sie versorgen uns mit Material, das den Sprachgebrauch in Geschichte und Gegenwart erhellt. Trotzdem möchte ich den, der nach der Bedeutung des Herzens fragt, nicht an die Gelehrten verweisen, sondern lieber antworten: du weißt es. Wir wissen es. Mein Herz, das bin ich selbst, mein Innerstes, die Mitte meiner Person. Dabei mag unser Sprachgebrauch oft etwas unreflektiert sein. Es gibt eine unreflektierte Redeweise, die aus Denkfaulheit und Gedankenlosigkeit erwächst. Es gibt aber auch einen unreflektierten Sprachgebrauch, der einen ganz anderen Grund hat. Unser Herz, das ist letzten Endes immer ein Geheimnis, das unbedingt respektiert sein will, ganz gleich, ob wir mit uns selbst zu tun haben oder mit jemand anderem. Ich bin mehr als alles, was etwa ein scharfsinniger Psychologe über mich sagen kann. Ich bin ein Wunder, das in Ehrfurcht bewahrt und geschützt sein will. Diese Ehrfurcht warnt mich davor, in das Wort Herz einzudringen, hindert mich an Analyse und Definition. Mein Herz ist ein brennender Dornbusch, und da heißt es: Tritt nicht herzu!

Unser Lied spricht aber nicht nur von unserem Menschenherzen. Auch von Gottes Herzen ist die Rede (1,4)! Der Tröster, der Heilige Geist, entspringt im Herzen Gottes. Dabei sei kurz angemerkt, dass sich in fast alle unsere Gesangbücher ein sinnentstellender Druckfehler eingeschlichen hat, wenn es – zum Beispiel im „Evangelischen Gesangbuch“, unter der Nummer 532 – heißt:

> Der du aus Gottes Händen fließt.

Mein armes Herz, getröstet, gelabt von einem Strom, der aus Gottes Herzen fließt! Bei einem wortbegabten Dichter, wie es Klepper war, dürfen wir voraussetzen, dass das Wort „Trost“ beziehungsweise „Tröster“ seinen vollen, starken Klang hat.

Es meint nicht, dass wir einen leidgeprüften Menschen mit kläglichen Worten bedauern; trösten heißt soviel wie ermutigen, stärken. Nicht zufällig ist das deutsche Wort mit dem englischen Wort „trust" verwandt, lässt also an Vertrauen denken, an Lebensmut und Zuversicht. Die indogermanische Wurzel zeigt einen Zusammenhang mit dem Wort Baum (z.B. im englischen Wort „tree"), signalisiert also Härte, Festigkeit, Widerstandskraft. Schlechter Trost, „leidiger Trost", wie Luther es in seiner Bibelübersetzung nennen konnte, macht schwach. Trost, der aus Gottes Herzen fließt, lässt mich dagegen teilhaben an Gottes Lebensmut und Festigkeit.

Das Wort „nun", mit dem jede der drei Strophen beginnt, zeigt einen ganz bestimmten Augenblick an, den gegenwärtigen Augenblick, der die Brücke zwischen dem „früher" und dem „später" bildet. Jetzt ist die Lösung geschehen, jetzt auch die Erhebung nach oben. Keiner von uns verfügt über dieses „nun". Wir wissen nur: Es gibt Menschen, die mit ihrem Unglück viel zu schnell fertig werden, sich in einem zutiefst unlebendigen und lieblosen Realismus mit dem Verlust abfinden. Sie greifen Gottes Wunder vor. Und es gibt Menschen, die Gottes Stunde verpassen und das, was Gott in seiner schmerzlichen Weisheit und Güte gelöst hat, immer wieder gewaltsam zusammenkleben wollen. Das „nun" ist in einem ganz ausschließlichen Sinn Gottes „nun", und wer immer mit Kleppers Lied umgeht, sollte tiefen Respekt haben vor der Unverfügbarkeit des göttlichen Heute.

Kleppers „Trostlied zum Totensonntag" gehört zu den Liedern, die gleichsam zum Hineinwachsen geschrieben sind. Vielleicht kommt es mir heute noch zu groß vor, so dass ich vor seinen Aussagen zurückschrecke. Aber vielleicht ist es schon morgen mein Lied. Es kann eine schöne Erfahrung sein, wenn ich spüre, wie ich in einen Text hineinwachse, indem Gott selbst mich wachsen macht.

Mein Gott, ich will von hinnen gehen

Und es kam zu mir einer von den sieben Engeln und führte mich hin im Geist auf einen großen und hohen Berg und zeigte mir die große Stadt, das heilige Jerusalem, herniedergefahren aus dem Himmel von Gott, bereitet als eine geschmückte Braut ihrem Mann, die hatte die Herrlichkeit Gottes. Und ihr Licht war gleich dem alleredelsten Stein, einem hellen Jaspis.

Und die Mauer der Stadt hatte zwölf Grundsteine und auf ihnen die Namen der zwölf Apostel des Lammes. Und die Stadt bedarf keiner Sonne noch des Mondes, dass sie ihr scheinen; denn die Herrlichkeit Gottes erleuchtet sie. Und ihre Tore werden nicht verschlossen sein des Tages; denn da wird keine Nacht sein.

Und er zeigte mir einen lautern Strom des lebendigen Wassers, klar wie ein Kristall; der ging aus von dem Stuhl Gottes und des Lammes. Mitten auf ihrer Gasse auf beiden Seiten des Stromes stand Holz des Lebens, das trug zwölfmal Früchte und brachte seine Früchte alle Monate. Und ich hörte eine Stimme von dem Stuhl, die sprach: Siehe da, die Hütte Gottes bei den Menschen. nach Offenbarung 21,2ff.

Mein Gott, ich will von hinnen gehen,
der Erdentag wird mir zu lang,
die Tore deiner Stadt zu sehen,
zu hören himmlischen Gesang.
Vor deinem Angesicht zu stehn,
das ist's allein, was ich ersehn'.

Nicht, dass ich nicht zu danken wüsste
für das, was du mir hier beschert.
Nicht, dass ich nicht geduldig büßte,
solang es dein Gericht begehrt.

Doch das, wonach mein Herz so brennt,
ist, dass mich nichts mehr von dir trennt.

Die Städte dieses Erdenrundes
sind fahle Schatten deiner Stadt,
die uns Verheißung deines Mundes
schon längst zuvor begründet hat.
Zu ihren Höhen blick' ich auf.
Ach, endete der Jahre Lauf!

Die Brunnen, die hier lieblich rinnen,
sind nur ein blasses, dunkles Bild
des Borns, der unter goldenen Zinnen
vor deinem Stuhle ewig quillt.
Die Stadt, die deine Herrlichkeit
erleuchtet, Herr, – liegt sie noch weit?

Ich denke nur an ihre Mauern,
die der Apostel Namen schmückt.
Was hier ist, kann nur flüchtig dauern,
nachdem ich ihren Saum erblickt.
Ihr Tor steht offen Tag und Nacht:
Wann werd' ich, Herr, vor dich gebracht?

Vergehen bald der Berge Firnen,
dass deine Stadt herniederfährt,
darin der Engel reine Stirnen
von deinem Namen sind verklärt?
Die Stadt, geschmückt gleich einer Braut,
aus Jaspis und Saphir erbaut?

Errichtet aus dem Holz des Lebens,
so steigt sie aus der Wolken Meer.
Wir Menschen wandern nicht vergebens:
Du nahst uns aus der Ferne her.
Die Hütte Gottes ist bereit,
die Stadt des Heils in Ewigkeit!

Erlöschen mögen Mond und Sonnen.
Dein Glanz herrscht in ihr immerdar.
Das Ziel war da, eh wir begonnen.

Die Worte sind gewiß und wahr.
Wir suchten nicht: Du bist's, der sucht
und heimruft, die wir dir geflucht.

„Am letzten Sonntag des Kirchenjahrs“ – so lautet die Überschrift im „Kyrie“. Dieser Sonntag hat ein merkwürdiges Doppelgesicht. Volkstümlich wird er „Totensonntag“ genannt. Er heißt aber auch „Ewigkeitssonntag“, denn die für diesen Sonntag bestimmten Lesungen sprechen von Jesu Wiederkunft und vom ewigen Leben.

Klepper hat zu diesem Sonntag zwei Lieder geschrieben. Das eine, „Nun sich das Herz von allem löste“, meint den Totensonntag; das andere, „Mein Gott, ich will von hinnen gehen“, ist ein ausgesprochenes Ewigkeitslied. Unter Kennern gilt es als besonders wertvoll, der Freund Ihlenfeld nennt es sogar „vielleicht das schönste Lied, das Klepper geschrieben hat“ (Freundschaft, Seite 93). Den Weg in die Gesangbücher hat es trotzdem nicht gefunden. Eine Ausnahme bildet das Jugendliederbuch „Wachet auf“; dort habe ich das Lied in den fünfziger Jahren zuerst für mich entdeckt. Doch gesungen haben wir es, glaube ich, nie.

Wer das Lied nur oberflächlich zur Kenntnis nimmt, kann den Eindruck gewinnen, es sei ein lebensmüdes Lied. Und wer Kleppers Lebensgeschichte kennt, wird schnell einen Zusammenhang zu Kleppers bitterem Ende herstellen – zu schnell, viel zu schnell. Gerade bei diesem Lied ist zu beachten, was letzten Endes von allen Liedern Kleppers, ja, von seinem ganzen Lebenswerk gilt: Nie wollte der Dichter sich selbst darstellen. Er verstand sich als Bote, der eine Botschaft auszurichten hat. Natürlich sind Rückschlüsse von der Botschaft auf den Boten zulässig. Immer wird es so sein, dass der Bote mit seinem menschlichen Schicksal, mit seinen Gaben und Grenzen, in die Botschaft eingeht. Aber sich die Botschaft vom Leibe halten, indem man sie biographisch und psychologisch relativiert, geht nicht an. Auch bei einem Autor, der längst gestorben ist, der sich also nicht mehr wehren kann, gilt, dass nur geduldiges, respektvolles Zuhören seiner Würde als Mensch und als Dichter gerecht wird.

So folgen wir zunächst dem Hinweis, den uns Klepper selbst zum Verständnis seines Liedes gibt, dem biblischen Wort aus der Offenbarung. Der relativ lange Text vor dem Lied ist ein Auszug aus den beiden letzten Kapiteln der Offenbarung, wobei der Dichter das Zitat aus den folgenden Versen gewinnt: 21,9-10; 21,2; 21,11.14.23.25; 22,1-2; 21,3. Eigentlich muss man den ganzen Abschnitt 21,1–22,5 lesen, wenn man einen vollständigen Eindruck von der visionären Schau gewinnen will, auf die sich Kleppers Lied bezieht. Dazu sollte man sich auch vergegenwärtigen, dass diese Vision den Schluss des Neuen Testaments, ja, der Bibel im ganzen bildet. Wer die Bibel nicht als ein Sammelsurium disparater religiöser Überlieferungen ansieht, sondern als das, was sie sein will, nämlich als ein Buch, wird dem Schluss des Buches die ihm gebührende besondere Aufmerksamkeit schenken. Außerdem sei daran erinnert, dass die Offenbarung, dieses schwierige, umstrittene, oftmals angefeindete letzte Buch der Bibel, zu allen Zeiten das Trostbuch der verfolgten Christenheit gewesen ist.

Jochen Klepper hat die Vision von der himmlischen Stadt besonders geliebt. Schon zu Weihnachten 1937 schreibt er in sein Tagebuch: „... und dass das letzte in der Schrift das Mahl des Lammes und die Himmelsstadt ist“ (Seite 535). Aus einer späteren Eintragung wissen wir, dass Klepper gerne den Text für ein Oratorium „Die himmlische Stadt“ geschrieben hätte (28. November 1938, Seite 687).

Kleppers Nachdichtung verbindet die biblische Schau mit der ganz persönlichen Sehnsucht nach der himmlischen Stadt. So wechseln in seinem Lied die starken Bilder der Offenbarung mit immer neuen Variationen des Wunsches, Bürger dieser Stadt zu werden (1,5-6; 2,5-6; 3,5-6 usw.). Der ganz persönliche Wunsch aber ist aufgehoben in dem, was für alle Menschen gilt. So wird das persönliche Subjekt „ich“, das die ersten sechs Strophen bestimmt, in den beiden letzten Strophen durch das „wir“, „wir Menschen“, ersetzt.

Verweilen wir noch etwas bei der Vision. Modernes Unverständnis sieht in solchen Visionen Vorstellungen, Konzepte, Überlieferungsstränge, die man versteht, wenn man sie zu parallelen Aussagen vergleichbarer Texte in Beziehung setzt. Aber eine echte Vision ist nicht etwas Ausgedachtes. Sie verdankt sich nicht dem Weiterspinnen vorgegebener Überlieferungsfäden. Eine Vision ist zuallererst eine intuitive Schau, nicht Werk und Leistung, sondern Widerfahrnis und Geschenk. Dem Schauenden öffnet sich der Vorhang, der gewöhnlich unsere Welt von jener anderen Welt trennt, die wir Ewigkeit nennen. Der Visionär darf einen Blick tun in die Welt Gottes, in die Welt der Seligpreisungen, die Welt des Lobgesangs der Maria, in der die üblichen Wertmaßstäbe unserer Welt auf den Kopf gestellt sind. Es ist wirklich eine Gegenwelt zu dem, was wir sonst tagaus tagein erleben. Und es ist eine Welt, in der nichts veraltet!

Wer eine solche Vision verstehen will, der müsste sie nacherleben, müsste selbst zum Visionär werden, der sich darin übt, mit dem Herzen zu sehen, mit den Augen der Liebe, des Verstehens und der Barmherzigkeit. Die so geschaute Welt der Ewigkeit aber hat mit unserer Welt vieles gemeinsam, und dazu gehören auch „Stadt“ und „Brunnen“. Denn hier wie dort lebt man in einer Stadt und trinkt aus einem Brunnen, der die Bewohner mit Wasser versorgt. Dabei ist die irdische Stadt mit ihrer Wasserquelle Abbild der himmlischen mit ihrem Brunnen.

Zunächst ist damit eine deutliche Abwertung gegeben, denn die himmlische Stadt ist Urbild, die irdische ist Abbild. Sie ist ein Schatten, den die himmlische Stadt wirft. Das Wörtchen „nur“, das Klepper im Zusammenhang mit den „Brunnen, die hier lieblich rinnen“ gebraucht, zeigt das Wertgefälle mit wünschenswerter Deutlichkeit. Dieses „nur“ aber sollte nicht verdunkeln, dass hier, wie bei allen biblischen Gleichnissen, auch das andere gilt: Das Urbild gibt dem Gleichnis nicht nur seine Grenze, sondern auch seine Würde und sein Maß. Das Irdische, die Menschenstadt, darf und soll an die Gottesstadt erinnern. Ihre Würde besteht darin, in uns das Bewusstsein zu wecken und wach zu halten, dass wir hier auf dieser Erde Fremdlinge sind. Doch sind wir nicht rechtlos, heimatlos; wir gehören einer anderen Welt an, in der nicht Macht und Geld regieren, sondern die Güte. Es ist gut, wenn wir den Adel unserer Herkunft und unserer Bestimmung nicht vergessen. Wir brauchen die Erinnerung, und das Bild, der Schatten, das Gleichnis leisten uns diesen wichtigen Dienst.

Man hat in unseren Tagen dem christlichen Glauben nachgesagt, er sei in seiner Sprache, Vorstellungswelt und Frömmigkeit viel zu sehr einer sterbenden bäuerlichen Welt verpflichtet; dieser Vorwurf besteht nicht ganz zu Unrecht. Um so reizvoller ist es, wenn uns in Zeugnissen christlicher Spiritualität plötzlich die Stadt, eine urbane Welt begegnet. Jürgen Henkys ist in einem Aufsatz dem Motiv Stadt in der Kirchenlieddichtung nachgegangen (Die Stadt im geistlichen Lied, in: Singender und gesungener Glaube, Seite 197 ff.). Zu den „Kronzeugen“ für das Vorkommen des Themas „Stadt“ im evangelischen Liedgut gehört für Henkys das Klepperlied, das wir hier betrachten.

Wer unsere Städte vor Augen hat, weiß, wie nötig wir den Dienst der Erinnerung brauchen, den uns Kleppers Lied tun will. Unsere modernen Städte sind von einer merkwürdigen Ambivalenz geprägt. Wie zu allen Zeiten sind auch unsere Städte ein Ausdruck von Stolz und Selbstgewissheit ihrer Bewohner. Sie verkünden eine Botschaft, sie sind Gestalt gewordene Welt- und Lebensanschauung. Sie wetteifern miteinander um die Krone der Größe, der Macht, der Schönheit, des Reichtums, der Lebensqualität. Vor allem die Metropolen wollen Mitte sein, Zentrum eines Landes oder gar der ganzen Welt. Kleppers Berlin, in dem sein Lied entstand, hatte gerade seine Siebenhundertjahrfeier hinter sich gebracht – natürlich im Zeichen des Hakenkreuzes und mit dem ganzen Stolz der scheinbar so erfolgreichen nationalsozialistischen Weltanschauung.

Aber wir kennen auch das andere: Städte von monströser Größe; Städte, aus denen die Bewohner fliehen, wenn sie die dazu notwendigen Mittel haben; Städte, die schreien, lärmen und stinken; Städte ohne eine echte Mitte; Städte, deren Tempel nicht mehr christliche Kirchen, sondern Börse und Banken sind. Und vor allem: Städte, die nur sich selber meinen, die nicht mehr über sich selbst hinausweisen, Städte, die verzweifelt versuchen, ihre eigene Vorläufigkeit zu überdecken oder gar zu überstrahlen.

Wir leiden in unseren Städten und wir leiden an ihnen. Wir leiden an den Prachtbauten, aus denen die Menschen Gott ausgeschlossen haben; wir leiden an den Straßen und Plätzen und Bauten ohne Gott und ohne Sinn. Aber in alle diese Erfahrungen hinein spricht plötzlich die biblische Vision, die uns Kleppers Lied vermittelt. Sie spricht die Sprache der Erinnerung und weist uns den Weg zu jener ganz anderen Stadt, „deren Baumeister und Schöpfer Gott ist", wie wir es im Hebräerbrief lesen (11,10).

Kleppers Lied gibt unserem oft sprachlosen Unbehagen an unseren Städten Worte und Begründung. Dazu verleiht es allen denen, die sich mit der sogenannten Realität, mit unseren immer unmenschlicher werdenden Städten, nicht abfinden mögen, Flügel.

Zwei Beobachtungen mögen unsere Betrachtung schließen. Zum einen: im Anschluss an den biblischen Text betont Klepper die Schönheit der himmlischen Stadt. Ihre wunderbaren Proportionen, ihr Zierat aus Gold und Edelsteinen, erlöst uns von der Hässlichkeit wie von der kalten Pracht und der aufgesetzten Lustigkeit unserer Städte. Und an die Stelle des unmäßigen Glanzes der modernen Stadt, die uns den Blick auf die Sterne verwehrt, tritt der Glanz Gottes, der nie verlischt. Die „Lichtverschmutzung", dies Gift für unsere beseelten Augen, wird niemanden mehr quälen. Aber auch das Ohr kommt nicht zu kurz. „Himmlischen Gesang" sollen wir hören, eine Musik, bei der man die perfektesten Stereoanlagen getrost vergessen kann. – Zum anderen: Die himmlische Stadt, so prächtig sie ist, rühmt nicht sich selbst, sondern den, der sie ersonnen und geschaffen hat. Darum ist sie vor allem Raum für die Begegnung mit Gott. So erscheint als letztes Ziel aller menschlichen Sehnsucht die ungetrübte Gemeinschaft mit Gott (1,5-6; 2,5-6; 5,6).

Es ist ein sehr urchristliches Lebensgefühl, das uns in Kleppers Lied begegnet. In den verschiedenen Schriften des Neuen Testaments hat es vielfältigen Ausdruck gefunden.

Uns Heutigen mag dieses Lebensgefühl zunächst sehr fremd erscheinen. Aber das Wissen um die Gegenwelt, der Durchblick durch den Vorhang, die Kraft der Erinnerung an die Welt, aus der wir kommen und für die wir geschaffen sind, gehört zum Besten, was die Christenheit unserer Welt zu geben hat. Kleppers Lied ist ein wertvoller, ein hilfreicher Beitrag dazu. Nur wo unser Blick frei wird für „die Stadt des Heils“ gewinnen wir Kraft und Inspiration für die schwere Aufgabe, in den Städten des Unheils Räume zu schaffen, in denen die Menschlichkeit Zuflucht findet.

Gott wohnt in einem Lichte

EG 290

Der Selige und allein Gewaltige, der König aller Könige und Herr aller Herren, der allein Unsterblichkeit hat, der da wohnt in einem Lichte, da niemand zukommen kann, welchen kein Mensch gesehen hat noch sehen kann – fürwahr er ist nicht ferne von einem jeglichen unter uns. Denn in ihm leben, weben und sind wir.

nach 1. Timotheus 6,15f.; Apostelgeschichte 17,27f.

Gott wohnt in einem Lichte,
dem keiner nahen kann.
Von seinem Angesichte
trennt uns der Sünde Bann.
Unsterblich und gewaltig
ist unser Gott allein,
will König tausendfältig,
Herr aller Herren sein.

Und doch bleibt er nicht ferne,
ist jedem von uns nah.
Ob er gleich Mond und Sterne
und Sonnen werden sah,
mag er dich doch nicht missen
in der Geschöpfe Schar,
will stündlich von dir wissen
und zählt dir Tag und Jahr.

Auch deines Hauptes Haare
sind wohl von ihm gezählt.
Er bleibt der Wunderbare,
dem kein Geringstes fehlt.
Den keine Meere fassen
und keiner Berge Grat,
hat selbst sein Reich verlassen,
ist dir als Mensch genaht.

Er macht die Völker bangen
vor Welt- und Endgericht –
und trägt nach dir Verlangen,
lässt auch die Ärmsten nicht.
Aus seinem Glanz und Lichte
tritt er in deine Nacht:
Und alles wird zunichte,
was dir so bange macht!

Nun darfst du in ihm leben
und bist nie mehr allein,
darfst in ihm atmen, weben
und immer bei ihm sein.
Den keiner je gesehen,
noch künftig sehen kann,
will dir zur Seite gehen
und führt dich himmelan.

Unter den knapp dreißig Kirchenliedern, die Jochen Klepper geschrieben hat, ist dieses wohl das kühnste. Die beiden Bibelworte, die der Dichter seinem Lied vorangestellt hat, sind äußerst gegensätzlich. Auf der einen Seite steht das Pauluswort aus dem 1. Timotheusbrief (6,15-16), das von Gottes unzugänglichem Licht spricht. Ihm folgt in unmittelbarer Verknüpfung ein Wort aus der Predigt des Apostels auf dem Areopag in Athen (Apostelgeschichte 17,27-28), das den Blick auf Gottes Nähe und Allgegenwart richtet. Das eine Wort war ein Lieblingswort der dialektischen Theologie, die damals eben ihren Siegszug auf Kanzeln und Kathedern angetreten hatte. Das andere aber, die Rede von Gott als unserem Lebenselement, war den Dialektikern eher ein rotes Tuch, ein Ausdruck mystischer und pantheistischer Frömmigkeit oder natürlicher Theologie, die sie unermüdlich und unerbittlich bekämpften. Klepper aber klammert eben diese beiden so weit voneinander entfernten Worte mit kühnem Griff zu einem Ganzen zusammen, so dass sie sogar im Satzbau ein einziges gewaltiges Wort bilden. Die Spannung, die in diesem Widerspruch enthalten ist, durchzieht das ganze Lied und äußert sich in immer neuen schroffen Paradoxien.

Jochen Klepper hat seinem Lied die Überschrift „Geburtstagslied“ gegeben. Leider fehlt im „Evangelischen Gesangbuch“ ein entsprechender Hinweis. Ein merkwürdiges Geburtstagslied! Wie anders klingt es als der volkstümliche Lobgesang „Lobe den Herren, den mächtigen König der Ehren“, der sonst bei Geburtstagsfeiern so gerne angestimmt wird! Wie schroff und unfreundlich beginnt dieses Geburtstagslied! Gleich zu Anfang ist davon die Rede, dass wir Menschen in Gottes Nähe nichts zu suchen haben. Unsere Sünde trennt uns unwiderruflich von seiner Majestät. Es ist nicht sehr höflich und nicht sehr freundlich, einen Menschen ausgerechnet an seinem persönlichen Festtag als erstes auf seine Schuld anzusprechen. Wer mag das hören? Wer mag es heute hören, da viele Christen es satt haben, von Gott als dem zu sprechen, der über ihre Sünden zu Gericht sitzt! Fürwahr, stünde es nicht als Überschrift über unserem Lied, man käme kaum auf die Idee, in diesem Text ein Geburtstagslied zu vermuten.

Die erste Strophe gleicht dem Flammenschwert der Cherubim, die den Eingang zum Paradies bewachen. Aber wir sollten nicht bei der ersten Strophe stehen bleiben. Wir würden sonst das, was Klepper so mutig zusammengefügt hat, wieder auseinanderreißen. Das ganze Lied lebt vom Staunen über das Wunder, dass Er, „dem keiner nahen kann“, den Weg zu uns, in unsere Nähe, in unsere Nacht gefunden hat. Die Tür hat sich geöffnet – von innen. Es ist mit dieser Tür so wie mit der Königstür in der Bilderwand der orthodoxen Kirchen, die sich nur von innen öffnen lässt. Wer über die erste Strophe hinaus liest und singt, wird mit Erstaunen gewahr werden, dass der scheinbar so abweisende Text eines der tröstlichsten und zärtlichsten Lieder unseres Gesangbuchs ist.

Ehe wir dem weiter nachgehen, wenden wir uns für einen Augenblick der dichterischen Gestalt des Liedes zu. Sie ist denkbar schlicht und einfach. Das Lied besteht aus fünf achtzeiligen Strophen im klassischen jambischen Versmaß mit einem regelmäßigen Wechsel zwischen weiblichem und männlichem Versausgang. Diese Strophenform klingt vertraut. Unser Gesangbuch enthält viele Lieder, vor allem aus der Barockzeit, die dem gleichen Schema folgen. Die einfache

Form zeigt: Das Lied will nicht mit einer auffallenden Form glänzen und brillieren. Die Form will nichts für sich selbst; sie gleicht einem Gefäß, dem es genügt, Raum zu geben für das, was es birgt.

Eine Gliederung ist bei einem so kurzen, leicht überschaubaren Text kaum notwendig. Allenfalls mag es erlaubt sein, die erste Strophe als eine Einführung in das Ganze zu betrachten, während die letzte so etwas wie eine Schlussfolgerung darstellt. Aber eigentlich ist das Lied wie ein Fluss, der einfach dahinfließt und jeder Einteilung spottet. Durchgängiges Subjekt in diesem Fließen ist Gott, entsprechend dem, was die beiden vorangestellten Bibelworte vorgeben. Aber Gott bleibt nicht für sich. Zu dem, was der Dichter über ihn sagt, fügt sich das „wir" der Menschen (Strophe 1 und Anfang Strophe 2), das bald in das ganz persönliche, vertraute „du" übergeht, das den Text bis zum Schluss beherrscht. Mit diesem „du" spricht Jochen Klepper das Geburtstagskind tröstlich und ermutigend an. In immer neuen, immer lieblicher und zärtlicher klingenden Wendungen verkündigt er ihm die freundliche Nähe des unnahbaren Gottes, die Menschlichkeit dessen, der doch König aller Könige und Herr aller Herren ist.

Kleppers Geburtstagslied ist ein Trostlied von großer Kraft. Dabei setzt der Dichter voraus, dass derjenige, der da seinen Geburtstag feiert, ein leidgeprüfter Mensch ist. Nicht ein heiteres, unbeschwertes Fest ist ihr oder ihm beschieden. Von „Nacht" ist die Rede, und von Erfahrungen, die angst und „bange" machen (4,5-8).

Schauen wir uns die tröstlichen Worte etwas genauer an. Sie verweisen uns zunächst an unseren Schöpfer, der uns ins Leben gerufen hat. So hat er ein für allemal deutlich bekundet, wie wichtig ich ihm bin. Er will mich nicht missen in der unerschöpflichen Schar seiner Geschöpfe. Er braucht mich, nicht nur zu bestimmten Aufgaben und Diensten, sondern zu seiner göttlichen Seligkeit und Herzensfreude. Darum erhält er mich am Leben. Meine Lebenszeit, meine Stunden, Tage und Jahre fließen nicht in sinnloser Zufälligkeit dahin, sondern sind ein Geschenk, Zeit, die er mir gibt und zumisst. Weiter: Im Rückgriff auf Jesu Wort (Matthäus 10,30) sollen wir uns damit trösten, dass Gott selbst die Haare auf unserem Haupte „wohl gezählt" hat. Selbst das Kleinste, das scheinbar ganz Unbedeutende, ist unserem Gott bewusst, und er achtet darauf, dass wir nichts verlieren. Es folgt der Trost, den uns Gottes Menschwerdung gibt. Die „Inkarnation", wie es die theologische Fachsprache ausdrückt, meint, dass Gott aus dem Glanz der Ewigkeit in meine Nacht gekommen ist und damit alles, was mich ängsten möchte, zunichte gemacht hat.

Die letzte Strophe schließlich ist einfach nur noch Trost. Sie zieht die Quintessenz aus allem zuvor Gesagten:

> Nun darfst du in ihm leben
> und bist nie mehr allein,
> darfst in ihm atmen, weben
> und immer bei ihm sein.
> Den keiner je gesehen
> noch künftig sehen kann,
> will dir zur Seite gehen
> und führt dich himmelan.

Diese Verse sind so reich an Trost, dass man sie sich immer wieder vorsprechen kann. Nie verlieren sie ihr Aroma. Schlicht und klar spricht das Wort zu uns: „bist nie mehr allein", „immer bei ihm sein", „will dir zur Seite gehen". Worte des vertrauten Kinderliedes von Wilhelm Hey klingen in der vorletzten Zeile an: „Ist auch dir zur Seite, still und unerkannt...". Jeder einzelne Satz lässt sich immer wieder neu im Herzen bewegen. „Nie mehr allein" – wer kennt es nicht, dies elende Gefühl von Verlassenheit, wie wir es vielleicht schon als kleines Kind bitter und beängstigend erlebt haben, wenn die Eltern nach dem Gutenachtsagen – vielleicht zu früh – das Licht ausgemacht und das Zimmer verlassen hatten! Oder wenn wir in finsterer Nacht aus Albträumen erwachten und noch längst nicht wussten, dass wir „nur" geträumt hatten! Oder wenn wir vielleicht in der Schule oder später bei der Arbeit Opfer des schrecklichen Mobbingspiels „Alle gegen einen" geworden waren! Wenn es uns ging wie unserem Herrn: „Da verließen ihn alle Jünger und flohen"! von niemandem verstanden sein, preisgegeben, verloren!

Einsam und verlassen sein, mutterseelenallein, wie unsere Sprache so anschaulich sagt, gehört zu den schrecklichsten Erfahrungen, die wir machen können. Aber nun heißt es: „Und bist nie mehr allein". Gott ist da. Er ist unvorstellbar nahe. Er ist mein Lebensraum, in dem ich atmen und leben darf. Was dem Vogel die Luft und dem Fisch das Wasser, das ist der ewige Gott, der Schöpfer des Himmels und der Erde, für mich. Nun mag geschehen, was da will: Immer bleibe ich in seinen Händen, immer atme ich in ihm, bin von ihm umfangen und getragen. Keinen Weg muss ich allein gehen, wir sind immer zu zweit.

Als Klepper dieses Lied dichtete, war er 35 Jahre alt. Gut vier Jahre später starb er, zusammen mit seinen Lieben, in tiefster Not, aus eigenem Entschluss. Wir wollen uns nicht scheuen, Kleppers Geburtstagslied auch im Licht dieses bitteren Endes zu lesen. Ich lausche dabei besonders auf das kleine Wörtchen „nun" am Anfang der letzten Strophe. Klingt es nicht so, als habe es im Blick auf die Todsnacht im Dezember 1942 eine ganz besondere, ja, seine tiefste und letzte Bedeutung? In mir klingt es zusammen mit jenem anderen Wort, das Christus, selber sterbend, einem Sterbenden zugesprochen hat: „Heute noch wirst du mit mir im Paradies sein!" Als Klepper starb, wusste er sich seinem Herrn ganz nahe. Der letzte Eintrag in seinem Tagebuch, geschrieben kurz vor seinem Tod, lautet:

> „Über uns steht in den letzten Stunden
> das Bild des Segnenden Christus,
> der um uns ringt.
> In dessen Anblick endet unser Leben."

Aber – so hat man gelegentlich gefragt – hat Klepper mit seinem eigenmächtigen Sterben nicht alles diskreditiert, was er zuvor geschrieben hat? Wird nicht auch die Botschaft des Geburtstagsliedes unglaubwürdig, wenn wir sehen, dass es den, der es schrieb, nicht vor dem Schrecklichsten bewahren konnte?

Nein! Nein! Und noch einmal nein! Denn nicht unsere Schuld ist es, die unser Glaubenszeugnis unglaubwürdig macht, auch die schwerste nicht. Unglaubwürdig macht nur die Heuchelei. Ein Heuchler aber ist Klepper nicht gewesen, bestimmt nicht.

Oswald Bayer, der Klepper in seinem Buch „Gott als Autor" ein tiefgründiges Kapitel gewidmet hat, sagt von Kleppers Leben: „Es ist die vita und das Wort eines Heiligen" (Seite 51). Das klingt zunächst befremdlich, denn mit den gängigen Lebensbeschreibungen der Heiligen hat Kleppers Biographie wenig gemeinsam, nein, nicht einmal wenig, gar nichts. Von ihm werden keine Wunder berichtet, keine erstaunlichen asketischen Leistungen, keine vorbildlichen Engagements barmherziger Liebe zu den Armen, und vor allem: keine pointierten Aussprüche, in denen er auf Fragen oder in einem Streitgespräch faszinierende Proben erleuchteter Weisheit gibt. Und sollte der ein Heiliger sein, dessen Lebenswandel eine einzige Aufforderung zur Nachahmung ist, dann ist Jochen Klepper ganz gewiß kein Heiliger.

Aber Oswald Bayer gibt der Charakteristik des Dichters als eines Heiligen sofort eine auch für einen evangelischen Christen überraschende Wendung. Er erinnert an das, was Luther in seiner Vorrede auf den deutschen Psalter von den Psalmbetern sagt, die er dabei kurzerhand heiligspricht:

„Wo findet man feinere Worte von Freuden, als die Lobpsalmen oder Dankpsalmen haben? Da siehest du allen Heiligen ins Herz wie in schöne lustige Gärten, ja wie in den Himmel, wie feine, herzliche, lustige Blumen darinnen aufgehen von allerlei schönen, fröhlichen Gedanken gegen Gott und seine Wohltat. Wiederum, wo findest du tiefere, kläglichere, jämmerlichere Worte von Traurigkeit als die Klagepsalmen haben? Da siehest du abermals allen Heiligen ins Herz wie in den Tod, ja, wie in die Hölle. Wie finster und dunkel ist's da von allerlei betrübtem Anblick des Zorns Gottes! Also auch, wo sie von Furcht oder Hoffnung reden, brauchen sie solche Worte, dass dir kein Maler also könnte die Furcht oder Hoffnung abmalen, und kein Cicero oder Redekundiger also vorbilden" (Luthers Vorreden zur Deutschen Bibel, hrsg. von Heinrich Bornkamm, Seite 67).

In diesem Sinne lässt sich auch von Jochen Kleppers Liedern sagen: Da siehst du einem Heiligen ins Herz. Dass er uns diesen Blick erlaubt, sollte uns zuallererst nicht eine Einladung zu psychologischer Analyse und Urteil sein – wiewohl gerade Kleppers Biographie für eine solche Analyse unendlich viel Stoff bietet. Nein, zuerst gilt hier ehrfürchtiges Stilleschweigen vor dem unergründlichen göttlichen Geheimnis in dieser Geschichte.

Klepper war kein unerschrockener Glaubensheld. Wäre er es gewesen, so hätten wir wohl Grund, ihn zu bewundern. Aber lieben könnte ich ihn nicht, denn was einen Menschen liebenswert macht, sind – paradoxerweise – nicht seine Stärken, sondern seine Schwächen, nicht seine Siege, sondern seine Niederlagen, nicht seine Leistungen, nicht einmal seine religiösen, sondern sein Scheitern. Die sogenannten Großen der Weltgeschichte wie der Kirchengeschichte trösten wenig, und wenn sie uns trösten, dann eher durch ihre Unvollkommenheit als durch ihre Überlegenheit. Der letzte Schritt auf den vom Sturm aufgewühlten Wogen ist Petrus nicht gelungen. Aber gerade dies macht seine Geschichte tröstlich. Hätte Petrus auch den letzten Schritt geschafft, die Geschichte wäre schrecklich und würde jeden, der es Petrus nachtun wollte, in einen Abgrund von Verzweiflung stürzen. Eben dies ist es, was den christlichen Glauben von anderen Weltanschauungen unterscheidet: nicht der Erfolg gibt den Christen recht, sondern das Wort Gottes, das sich zu den Gescheiterten bekennt. Dieses Wort aber bezeugt auch Kleppers Geburtstagslied, zumal in seiner letzten Strophe:

> Nun darfst du in ihm leben
> und bist nie mehr allein,
> darfst in ihm atmen, weben
> und immer bei ihm sein.
> Den keiner je gesehen,
> noch künftig sehen kann,
> will dir zur Seite gehen
> und führt dich himmelan.

Fragen an Jochen Klepper

Kritiklose Bewunderung ist kein Zeichen von Freundschaft. Wolf Biermann hat darauf aufmerksam gemacht, dass es so etwas gibt wie „Feigheit vor dem Freund". Solche Feigheit ist im Grunde genommen Verrat an der Freundschaft, auch wenn sie im Gewand einer rührenden Freundlichkeit und Verehrung daherkommt.

Angesichts der begrenzten Thematik dieses Buches kann es hier nicht um eine umfassende Auseinandersetzung mit Kleppers Person und Werk gehen. Meine Fragen gelten ausschließlich dem „Kyrie" und dabei besonders den hier von mir besprochenen Liedern.

Da ist zunächst einmal eine Frage, die gerade den christlichen Leser überraschen wird: Muss einem Kirchenlied ein Bibeltext zu Grunde liegen? Kleppers Lieder beginnen ja (mit zwei Ausnahmen) grundsätzlich mit einem biblischen Zitat, an dessen Inhalt sich Klepper meistens ebenso sorgfältig wie konsequent hält. Übrigens steht auch über jedem Kapitel des Vater-Romans ein Bibelwort. Und eine der eindrucksvollsten Szenen des Buches endet mit dem schönen Satz: „Es war alles voller Bibel!" (Seite 401) Ich liebe die Bibel seit Kindertagen und würde gerne in dieser Liebe mit Klepper wetteifern. Und trotzdem frage ich: Gibt es nicht auch ein Zuviel? Jochen Klepper war ganz bestimmt kein buchstabengläubiger Fundamentalist. Aber entsteht nicht am Ende doch so etwas wie ein sublimer Fundamentalismus, wenn alles auf biblisches Wort zurückgeführt wird? Wird die lebendige Liebe zum Wort der Schrift vielleicht plötzlich doch zum Prinzip erstarren? Und wie kann ein Gespräch mit Menschen gelingen, denen solche Herleitungen schon deswegen suspekt sind, weil sie nicht in gleicher Weise mit der Bibel aufgewachsen sind wie Klepper? Und was bedeutet es gerade für den, der die Bibel liebt und ehrt, dass alles Bibellesen und -zitieren notwendigerweise einen eklektischen Zug hat? Wir lesen immer in Auswahl, setzen Akzente und – überlesen meistens mehr, als wir denken. Die Frage, welche Stellen der so sehr der Heiligen Schrift verpflichtete Dichter überlesen hat, ist eine spannende Frage. Oft aber sind es gerade die von uns überlesenen Stellen, die sich gegen uns kehren.

Neben dieser grundsätzlichen Anfrage möchte ich drei Stellen aus den hier ausgelegten Liedern nennen, die mir manchmal nur schwer über die Lippen gehen; manchmal erscheinen sie mir sogar so sperrig, dass ich sie beim Gemeindegesang lieber auslasse.

Da ist eine Zeile aus der dritten Strophe des „Ambrosianischen Morgengesangs" (Seite 39ff.):

> Des Fleisches Hoffart beugt und brecht.

Nicht an dem Kirchenwort „Fleisch" stoße ich an; auch die Attacke gegen die Hoffart mache ich mit. Aber das Wort „brecht" ist mir zu gewaltsam. Es stimmt mich nachdenklich, dass das entsprechende Wort im lateinischen Text des Hymnus die Bedeutung „zerreiben", „zerbröseln" hat, und dass Gott hier als derjenige angerufen wird, der unsere Hoffart aufreiben soll. Kleppers Imperativ dagegen richtet sich an den menschlichen Willen. Nun wird ein kluger Theologe sofort versichern, dass solches Zerbrechen nur dem möglich ist, dem Gottes Geist beisteht. Aber das erweist sich in der Praxis oft als reine Theorie. Und ist das Zerbrechen die Art, wie der Heilige Geist mit unseren Fehlhaltungen umgeht? Mir scheint es besser, wenn ich Gott sein Werk an mir tun *lasse*. An ihm ist das Tun, an mir das Lassen.

Ein anderer Anstoß liegt für mich in der dritten Strophe des Morgenliedes „Er weckt mich alle Morgen" (Seite 33ff.):

> Er will, dass ich mich füge.

Meine Schwierigkeiten mit diesem Satz sind nicht dogmatischer Natur. Man müsste schon so ziemlich die ganze Bibel auf den Kopf stellen, wollte man einen solchen Satz für unzulässig erklären. Aber Fügsamkeit kann auch Feigheit sein, eine Frucht nicht des Glaubens, sondern der Mutlosigkeit. Rita Thalmann hat in ihrer Klepper-Biographie nicht ohne Grund den Vorwurf „frommer Fügsamkeit“ gegen Klepper erhoben. Ist es nicht oft genug die demütige Fügsamkeit der Untertanen, die die Throne der Tyrannen festigt? Aber – so möchte man wohl einwenden – in Kleppers Lied geht es doch nicht um die Fügsamkeit gegenüber Menschen, sondern darum, dass ich mich in Gottes Willen füge. Das ist gewiss richtig. Aber wir Menschen können uns nun einmal schlecht teilen; wo der Gehorsam gegen Gott, die „Subordination“, die Unterordnung unter ihn, zur zentralen spirituellen Tugend wird, pflegt auch die Subordination unter Menschen üppig ins Kraut zu schießen.

In eine ähnliche Richtung zielen meine Bedenken gegen eine Aufforderung in der letzten Strophe des von mir eigentlich ganz besonders geschätzten und geliebten Liedes „Ja, ich will euch tragen“ (Seite 78ff.):

> Lasst nun euer Fragen.

Natürlich ist dieser Satz keine allgemeine Regel. Es geht um eine ganz bestimmte Art von Fragen, um Fragen, die Gott nichts zutrauen. Aber solche Worte haben ihre eigene Wirkung, die durch eine saubere, Missverständnisse abwehrende Erklärung kaum aufzufangen ist. Wie oft habe ich auf eine Frage verzichtet, weil ich mich nicht zu fragen getraute! Weil ich nicht neugierig erscheinen wollte. Weil ich nicht zur Last fallen wollte. Weil mir meine Frage eine „dumme Frage“ zu sein schien. Weil ich mich zu schnell fügte. Wieviel Leben habe ich abgewürgt, weil ich mir meine Frage verbot?

Von hier ist es nicht weit bis zu jener Maxime, mit der eines von Kleppers Weihnachtsliedern („Sieh nicht an, was du selber bist“) schließt:

> Nicht klagen sollst du: *loben*!

Wie ist das Wörtchen „sollst" zu verstehen? Wenn es die letzte Bestimmung unseres Lebens meint, dann besteht es zu Recht. Das Lob soll das letzte Wort haben. Gott ist zuzutrauen, dass er meine Klage in einen Freudentanz verwandelt (Psalm 30,12). Was aber, wenn aus der Hoffnung auf ein solches Wunder ein ganz unbiblisches Verbot von Klagen, Weinen, Seufzen und Stöhnen wird? Geben uns nicht gerade die biblischen Vorbilder im Alten wie im Neuen Testament das Recht zu Klage und zu Tränen? Müssen wir frommer sein als die Frommen in der Heiligen Schrift? Warnt uns nicht auch die Medizin, wenn sie einen Zusammenhang von unterdrücktem Weinen mit asthmatischen Leiden sieht?

Aber was mir schwerfällt, ist einem anderen vielleicht Hilfe und Trost. Was mir heute sperrig vorkommt, wird sich mir vielleicht morgen erschließen! Und am Ende bin ich sogar froh, dass da Sätze sind, an denen ich mich reiben kann. Ich träume nicht von einem gereinigten Gesangbuch, einem Gesangbuch von der Art, wie wohlmeinende Herausgeber sie in der Zeit der Aufklärung in großer Zahl publizierten. In diesen Gesangbüchern waren die Texte der alten Choräle konsequent an den Zeitgeschmack der aufgeklärten Menschen angepasst. Was dabei herauskam, war eine Art sprachlicher und theologischer Sanierung der überlieferten Lieder. Aber wo alles Anstößige beseitigt ist, wo man alles Schwierige geglättet hat, ist kein Leben mehr; die Texte werden banal, saft- und kraftlos, totrichtig, steril, lauter Gemeinplätze und – erschütternd lebensfremd. Das Leben aber pflegt die Fesseln jeder modischen „correctness" souverän zu sprengen.

Dank an Jochen Klepper

Der Schriftsteller Willy Kramp hat in einem seiner Bücher von Gesangbuchliedern als von „treuen Begleitern“ gesprochen. So möchte ich es auch von Jochen Kleppers Liedern sagen: Sie haben sich mir in vielen Jahren, in vielen Situationen als „treue Begleiter“ erwiesen.

Jochen Klepper wollte ein Dichter der Kirche sein, und als solcher hat er seine Lieder geschrieben. Die Kirche hat viel Grund, ihm für seinen Dienst dankbar zu sein. Unser Dank sollte jedoch nicht nur ganz allgemein seinem Liedschaffen gelten. Es ist da ein Gesichtspunkt, der in besonderer Weise Anlass zum Dank gibt: Jochen Kleppers Lieder – wir haben es immer wieder beobachten können – strahlen eine starke Trostkraft aus. Das ist alles andere als selbstverständlich. Wer sich im modernen Kirchenliedgut auch nur einigermaßen auskennt, dem wird auffallen, dass es gerade für die Gattung „Angst und Geborgenheit“ (früher hieß es in den Gesangbüchern: „Kreuz und Trost“) nur wenige überzeugende Neuschöpfungen gibt. Leben wir in einem trostarmen, ja, trostlosen Zeitalter? Oder geht es uns, geht es der Menschheit inzwischen so gut, dass wir keine tröstenden Lieder mehr brauchen? Wie ist es zu erklären, dass wir von Lobliedern aller Art geradezu überschwemmt werden? Sind wir frömmer geworden?

Ohne Kleppers Lieder wäre das neuzeitliche Liedgut in unserem neuen Gesangbuch viel viel ärmer. Und darum ist Klepper zu danken für den Trost, den er uns gibt. Dabei ging es Klepper wohl so, wie es der Apostel Paulus (2. Korinther 1,3ff.) von sich sagt: dass er andere trösten kann, hat seinen Grund darin, dass er selbst in seinen Bedrängnissen den Trost Gottes reichlich erfahren hat. Er hat Gott als den „Vater der Barmherzigkeit und den Gott allen Trostes“ kennengelernt. Die Kunst, andere zu trösten, lernt man von Gott, und man lernt sie nur unter eigenen Leiden und Schmerzen. Von Gott lernt man, was es heißt, nicht aufzugeben, dran zu bleiben, drunter zu bleiben, auszuhalten, zu hoffen und zu warten. Von ihm getröstet erneuern sich Glaube und Hoffnung. Es ist dabei so, wie bei jedem wirksamen Trost: nie sind es die Worte allein, es ist nicht ihr semantisch zu erhebender Sinn, der uns Mut zuspricht, sondern der Klang der Stimme, die die Angst vertreibt.

So können wir die Botschaft von Kleppers Liedern in knapper Zusammenfassung als Trost und Ermutigung charakterisieren. Von der menschlichen Existenz hat der Dichter in einem Gedicht – nicht einem Kirchenlied – gesagt: „Wir alle leben zwischen Nacht und Nacht". Seine Lieder bringen ein warmes, freundliches Licht in unsere Nächte. Sie kündigen das Nahen des Tages an. Und falls sich jemand für unsere Zeit lustigere, optimistischere, lebensfrohere, selbstbewusstere Lieder wünscht – wer von uns weiß, ob wir nicht bald in einer Zeit leben werden, in der uns die lebensfrohen und optimistischen Töne im Hals stecken bleiben. Unter solchen Umständen können Kleppers Lieder ganz neu zu uns sprechen. Und vielleicht, es könnte ja sein, hat diese Zeit bereits begonnen.

Literatur

Werke, die bei Erscheinen dieses Buches noch im Buchhandel lieferbar sind, sind mit einem * gekennzeichnet.

I. Werke von Jochen Klepper

Jochen Klepper, Der Kahn der fröhlichen Leute, Stuttgart 1934

* Jochen Klepper, Der Vater, Stuttgart 1937

* Jochen Klepper, Kyrie, Witten - Berlin 1938

Jochen Klepper, Unter dem Schatten deiner Flügel. Aus den Tagebüchern der Jahre 1932–1942, Stuttgart 1955
(*Gekürzte Neuausgabe im Brunnen Verlag, Giessen 1997)

Jochen Klepper, Nachspiel. Erzählungen, Aufsätze, Gedichte, Witten - Berlin 1960

* Jochen Klepper, „Ziel der Zeit". Die gesammelten Gedichte, Bielefeld 2001

II. Literatur über Jochen Klepper

* Oswald Bayer, Gott als Autor, Tübingen 1999

* Reinhard Ellsel, Gott hält sich nicht verborgen. Predigten zu Liedern von Jochen Klepper, Luther-Verlag Bielefeld 2001

Hansjakob Becker u.a. (Hrsg.), Geistliches Wunderhorn. Große Deutsche Kirchenlieder, München 2001

Gerhard Hahn und Jürgen Henkys (Hrsg.), Liederkunde zum Evangelischen Gesangbuch, Heft 1 ff., Göttingen 2000 ff.

Jürgen Henkys, Das Kirchenlied in seiner Zeit, Berlin und Stuttgart 1980

* Jürgen Henkys, Singender und gesungener Glaube, Göttingen 1999

Ilse Jonas, Jochen Klepper. Dichter und Zeuge, Berlin 1966

Kurt Ihlenfeld, Freundschaft mit Jochen Klepper, Witten und Berlin 1958

Christian Möller (Hrsg.), Ich singe dir mit Herz und Mund, Stuttgart 1997

* Christa Reich, Evangelium: Klingendes Wort, Stuttgart 1997

* Martin Rößler, Liedermacher im Gesangbuch, Band 3, Stuttgart 1991

Rita Thalmann, Jochen Klepper. Ein Leben zwischen Idyllen und Katastrophen, München 1978

Martin Wecht, Jochen Klepper. Ein christlicher Schriftsteller im jüdischen Schicksal, Düsseldorf und Görlitz 1998